무비 스님의 49재 법문집

일곱 번의 작별인사

불광출판사

 무비 스님 _ 부산 범어사에서 여환如幻 스님을 은사로 출가, 해인사 강원을 졸업하였으며, 해인사·통도사 등 여러 선원에서 안거하였다. 탄허 스님의 법맥을 이은 대강백으로 통도사·범어사 강주, 조계종 승가대학원장, 조계종 교육원장을 역임하였다. 현재 범어사에 주석하시면서 집필활동과 아울러 전국 각지의 법회와 인터넷 카페 염화실에서 불자들의 마음 문을 열어주고 있다. 역저서로 『금강경오가해』, 『금강경 강의』, 『화엄경 강의』, 『지장경 강의』, 『사람이 부처님이다』, 『법화경(상·하)』, 『임제록 강설』, 『대승찬 강설』, 『무비 스님이 가려뽑은 명구 100선』, 『법화경 강의(상·하)』 등 다수가 있다.

··· 다음 카페 _ 염화실 http://cafe.daum.net/yumhwasil

무비 스님의 49재 법문집 **일곱 번의 작별인사**

머_리_말_

인생이란 한 조각 구름인 것을

그동안 남의 49재 법문은 여러 번 했었다. 하지만 내 부모님이 가심에는 아무런 표현도 하지 못하였다. 아무리 인생이란 한 조각 구름이 오고 가는 것과 같다고 하지만 누구를 보내든 남은 사람들의 마음은 그렇지가 못하여 일이 있을 때마다 마음이 아려오는 것은 인지상정이리라.

49재 법문을 정리하면서 만고에 명문으로 널리 알려진 진묵震默,1562~1633 스님이 남기신 어머니에 대한 재문齋文을 다시 상기하여 못다 한 마음을 대신하고자 한다.

어머니가 저를 가져 태중에서 열 달을 품으신

그 은혜를 어떻게 갚으리까.

태어나서 슬하에서 삼 년을 키우신 은혜도 잊을 길 없나이다.

만 세를 사시고 만 세를 더 사신다 하더라도

자식의 마음은 오히려 부족하온데

백 년 안에서 백 년도 못 사셨으니 어머님의 수명은

어찌 이다지도 짧으십니까.

거지처럼 떠돌아다니는 이 중이야 이미 그렇다 손치더라도

혼인도 못하고 규중에 혼자 남은 누이동생이야

얼마나 슬프겠습니까.

상단불공도 마치고 하단의 제사도 끝나서 스님들은

저마다 자신들의 처소로 돌아가고

혼자 남아 먼 하늘 바라보니 앞산은 첩첩하고 뒷산도 겹겹인데

어머니의 영혼은 어디로 돌아가셨습니까.

오호라. 슬프고 슬프도다.

胎中十月之恩 何以報也
태중시월지은 하이보야

膝下三年之養 未能忘矣
슬하삼년지양 미능망의

萬歲上更加萬歲 子之心猶爲嫌焉
만세상갱가만세 자지심유위혐언

百年內未滿百年 母之壽何其短也
백년내미만백년 모지수하기단야

簞瓢路上行乞一僧 旣云已矣
단표로상행걸일승 기운이의

橫釵閨中未婚小妹 寧不哀哉
횡차규중미혼소매 영불애재

上壇了 下壇罷 僧尋各房 前山疊
상단료 하단파 승심각방 전산첩

後山重 魂歸何處 嗚呼哀哉
후산중 혼귀하처 오호애재

금정산 범어사 화엄전에서
2009년 여름 如天無比 삼가 씀

차_례_

•
49재를 왜 지내는가?　012
49재의 공덕은 분명하다　012
깨달음의 안목으로 이루어진 천도재 의식문　017

•
육신의 껍데기를 버리고 참 주인공을 찾다　025
인생의 진정한 의미　025
태어나지도 않았고 죽지도 않았다　027

•
돌아가신 이와 살아있는 이 모두를 위하여…　033
감사하면 감사할 일만 생기듯　034
백 천 만 냥보다 가치 있는 게송　036
삼독의 불을 끌 때 지옥고를 면한다　040

●
우란분재, 어머니를 지옥의 고통에서 건져내다   044
가장 으뜸가는 효도   044
우란분재의 유래   050
'효孝'는 우리 생명의 뿌리   058

●
참 나眞我를 등불로 삼으라   061
생명의 실상   061
육신이 참 나가 아니다   064
법을 보는 자는 나를 보고, 나를 보는 자는 법을 본다   066

●
생사를 따르지 않는 한 물건   070
49재의 인연 공덕   070
형상이 있는 것은 다 허망하다   073

●
세세생생의 재산   079
부처님과의 깊은 인연   079
새 옷으로 갈아입듯이…   082
오직 업만 따라갈 뿐이다   090

●
꿈과 같은 인생, 지혜의 눈을 뜨라   094
시공을 초월한 공덕   094
우리는 모두 꿈속의 나그네   099

참참할 것도 없고 우왕좌왕할 것도 없다　105
저승 길 노잣돈　105
불자는 저승길이 두렵지 않다　108
다이아몬드처럼 빛나는 금강의 지혜　111
유가족의 편지　114

삶과 죽음의 실상을 깨닫다　118
대신 복을 지어드리다　118
새로운 출발, 당당하고 밝게　123

살아있는 영가를 천도하라　130
소나무에 의지한 칡넝쿨처럼　130
부처님의 천도 법문　134
당신은 부처님　136

마음만 알면 어디든 돌아가 쉬는 곳이다　143
흐르는 세월, 만고의 철칙　143
가장 값진 공덕　144
그림자를 조종하는 것은 우리들 마음이다　149

원력은 바위를 싣고 물을 건너는 큰 배이다 154
자기 재齋를 자기가 미리 지내는 생전예수재 154
영가에게 드리는 최상의 선물 157
법공양을 올리는 까닭 161
대자유인의 길 165

누구나 태어나는 순간부터 열반으로 향한다 173
인생의 원점은 공空 173
생로병사에서 벗어나는 법 177

우리들의 인생, 우리들이 맡은 연기 184
인생은 한바탕 연극 184
기뻐할 것도 없고 슬퍼할 것도 없다 187

어떻게 부모의 은혜를 갚을 것인가? 193
부모의 뜻을 거스르고라도 해야 하는 것 193
여러 가지 불효 이야기 202
육신으로 부모의 은혜를 갚을 수 없다 209

49재를 왜 지내는가?

••• 49재의 공덕은 분명하다

불교에서는 돌아가신 영가를 위하여 천도재·49재를 지내드리고 있습니다. 요즘에는 불교뿐만 아니라 이웃종교에서도 49재를 지낸다고 합니다. 대중매체의 발달로 저명인사의 49재가 인구에 회자되어 불자들뿐만 아니라 일반인들에게도 49재에 대한 인식이 폭넓게 확산되는 것을 보면 참 다행이라는 생각이 듭니다. 하지만 49재·천도재를 지내면서도 그저 의례적으로 행하는 분들이 많습니다. 그 의미도 모르고 생각 없이 따라하다 보니 49재·천도재를 지내드리면서도 간절한 마음으로 하지 않고, 그러다 보니, 공덕도 적을 수밖에 없습니다.

　간혹 재齋를 일반적으로 가정에서 지내는 제사와 혼동하는 분들도 있습니다. 일반적으로 제사祭祀가 천지신명이나 조상의 넋에게 음식을 차려 정성을 드리는 것이라면, 불교의 재齋는 영가를 더 좋은 곳으로 천도하기 위하여, 영가의 극락왕생을 기원하면서 공양을 받들어 올리는 의식입니다. 돌아가신 지 49일 만에 지내는 천도재는 49재로 통용되고 있고, 그밖에 돌아가신 영가를 위해 재를 올리는 것은 천도재라고 통용되고 있습니다.

　49재는 사람이 돌아가신 날로부터 7일마다 한 번씩 재를 올려 영가의 다음 생, 새 출발을 열어주는 천도의식입니다. 마지막 일곱 번째 올리는 재를 49재, 혹은 막재, 7·7재라고도 합니다. 사람이 죽으면 생전에 지은 업에 따라 다음 생을 받아 납니다. 지극히 악한 자와 지극히 선한 자는 죽음과 동시에 다음 생을 받지만, 대부분의 보통사람들은 곧바로 생을 받는 것이 아닙니다. 49일 동안 중음신으로 떠돌다가 자기의 업에 따라 갈 길을 가는 것입니다. 그런데 이 기간 동안 재를 지내드리는 것 자체가 영가에게 큰 공덕이 됩니다. 자손이 선업을 대신 지어주는 것이지요. 또한 이때는 영가가 지혜로워 평소보다 말귀를 잘 알아듣기 때문에 영가가 생에 대한 애착을 끊고 갈 길을 제대로 갈 수 있는 것입니다.

경전에 보면, 영가는 사람에게 붙을 수도 있고, 나무나 풀뿌리, 돌무덤에 붙어 있기도 한다고 했습니다. 심지어 자신의 시체를 지키는 영가도 있다고 합니다. 시체를 지키는 영가는 생전에 자기 자신의 몸뚱이에 대하여 너무 집착한 사람입니다. 물론 육신은 정신을 담는 그릇이기에 중요한 것입니다. 하지만 나이 들고 병들어 죽을 때는 미련 없이 버릴 줄도 알아야 합니다. 육신에 너무 집착해 있으면 죽어도 진짜 죽은 줄 모르고, 자신의 몸을 태워도 태운 줄 모른다고 했습니다. 이런 분들이 혼령으로 떠도는 것입니다.

떠날 때는 미련 없이 떠나야 합니다. 옛날에 범어사에 살았던 어느 스님의 아주 유명한 일화가 있습니다. 이 스님이 워낙 살림살이를 잘해서 재산을 많이 모았다고 합니다. 그런데 재산에 미련이 남아서 돌아가신 뒤 큰 구렁이가 되었다고 합니다. 구렁이 몸으로 창고에서 재물을 지키고 있었는데, 다행히 제자 가운데 도를 이룬 스님이 있어서 그 구렁이에게 팥죽을 한 솥 끓여 먹여 제도했다는 이야기가 있습니다. 떠날 때가 됐음에도 불구하고 집착해서 한 곳에 머물러 있으면 그와 같이 되는 것입니다.

흔히 육체만 있으면 시체라 하고, 정신만 존재하면 귀신이라고 합니다. 육체와 영혼이 가장 이상적으로 혼합되어 있는 것이 사람입니다. 예를 들어 상대방의 이야기를 듣지 않고 멍청히 있다거나 옆에서 무엇을 하든지 정신이 다른 곳에 있는 사람을 '혼 빠진 사람, 정신 나간 사람'이라고 합니다. 이렇듯 살아 있으면서도 시체와 귀신이 제각기 분리될 수도 있고, 이런 상태가 잦으면 그야말로 빙의가 될 수도 있으니 조심해야 합니다.

어쨌든 이렇게 많은 영가들이 자신들의 사연에 따라 아등바등하면서 온갖 세상에 널려 있어서 이러한 영가들을 천도하는 의식이 생기게 되었습니다. 돌아가신 영가들에게 혜택을 주어 다음 생에 풍요한 삶을 살도록 하자는 의미에서 49재·천도재를 지내드리는 것입니다. 간혹 49재도 성대하게 지내드렸고, 해마다 천도재를 지내드렸는데, 또 천도재를 지내야 하는가에 대해 의문을 품고 계신 분들도 있을 것입니다. 하지만 천도재를 지내는 그것 자체가 큰 복이 됩니다. 이미 천도된 사람들에게도 재를 올려드린 것이 하나의 힘으로 작용합니다. 또한 이 세상에 다시 태어나 살아가고 있는 그 사람의 삶에 확실히 보탬을 줍니다. 공덕은 시간과 공간의 제약을 받지 않기 때문입니다. 그래서 후손을 잘 둔 사람, 즉 조상을 잘 위하는 사람은 하는 일마다 잘 되는 것입니다.

사실 죽음의 세계는 따로 있지 않습니다. 과거 생에서 보면 현재 이곳이 내생이며, 내생의 입장에서 보면 현재 이곳이 전생이 될 수 있습니다. 관점을 어디에 두느냐에 따라 과거·현재·미래가 달라질 뿐입니다. 그러한 입장에서라도 선망 부모, 역대 조상을 천도해 줄 필요가 있습니다. 아울러 앞에서도 말씀드렸지만, 천도해 드리는 공덕과 복덕이 천도재를 지내는 그 사람에게 영향력을 미친다는 사실을 분명히 알아야 합니다.

••• 깨달음의 안목으로 이루어진 천도재 의식문

천도재를 지내는 의식에 대해 간단히 말씀드리겠습니다. 제일 처음에 아미타 부처님, 관세음보살님, 대세지보살님을 청합니다. 그리고 "사바세계, 남섬부주 해동 대한민국 ○○사 도량에서 ○○에 사는 ○○○이 부모, 자식, 남편, 또는 아내 ○○○영가를 위해 천도재를 올립니다."라고 부처님께 고합니다. 그 다음에는 최고 법문이 내려집니다.

> 근원은 맑고도 고요해서
> 옛날도 없고 지금도 없다
> 묘한 본체는 원만하고 밝아서
> 어찌 태어남이 있고 죽음이 있겠는가.
> 靈源湛寂 無古無今
> 妙體圓明 何生何死

생명의 참모습은 시공을 초월하여 존재하는 아주 신령스러운 근원입니다. 지금은 비록 탐내고 성내고 어리석은 삼독三毒에 물들어 있지만 본성은 깨끗하고 맑습니다. 나이를 먹는 것도 아니어서 수천 년 전이나 수만 년 전이나 아무런 상관없이 변함없는 그대로 존재합니다. 금방 태어난 갓난아기도 결코 갓난아기가 아닙니다. 갓난아기의 미묘한 생명, 성품 그 자체는 원만하고 밝은 것이어서 나고 죽음이 없습니다.

다들 잘 알고 계시겠지만, 선종禪宗에서는 조사祖師에서 조사에게로 마음 법을 전하는 것의 연원을 삼처전심三處傳心에서 찾고 있습니다. 삼처전심은 부처님께서 세 곳에서 가섭에게 마음을 전한 것을 말합니다. 첫째는 영산회상거염화靈山會上擧拈花, 부처님께서 영산회상에서 연꽃을 드시니 가섭만이 홀로 미소를 지은 것, 둘째, 다자탑전분반좌多子塔前分半座, 부처님께서 중인도中印度의 비야리성毘耶離城 서쪽에 있는 다자탑 앞에서 설법을 하시려는데, 뒤늦게 가섭이 나타나자 부처님의 자리를 반 나누어준 것이지요. 셋째가 사라쌍수하곽시쌍부沙羅雙樹下槨示雙趺인데, 부처님께서 49년간 설법하시고 반열반에 드셨을 때 있었던 일로 생사가 둘이 아닌 이치를 잘 드러내고 있습니다.

제자들이 다비를 하려고 하는데, 멀리 떨어진 곳에서 수행을 하던 제일 큰 제자인 가섭이 오지 않았습니다. 모두들 가섭 존자가 오기만을 기다리고 있었는데, 늦게야 도착한 가섭이 전통적인 예를 올리면서 슬퍼하였습니다. 그런데 관 속의 부처님께서 "가섭아, 너는 내가 이렇게 누워 있으니 죽은 줄 아느냐?"라고 하시면서 반열반에 드신 지 일주일이 지났는데도 관 밖으로 두 다리를 내 보이셨습니다.

이와 비슷한 일화가 또 있습니다. 인도에 다녀오던 사신이 총령이라는 고갯마루에서 달마 대사를 만났습니다. 달마 대사는 그 때 지팡이에 짚신 한 짝을 걸고 고갯마루를 넘어가는 중이었습니다. 사신과 달마 대사는 한참 동안 이야기를 나누고 헤어졌습니다. 사신은 중국에 돌아와서 사람들에게 달마 대사를 만났던 이야기를 하였습니다. 그런데 사람들이 말하기를, 달마 대사는 이미 돌아가신 분이라는 것입니다. 사신은 달마 대사가 돌아가셨다는 말을 듣고도 믿어지지 않았습니다. 달마 대사를 만났던 일이 너무나 또렷하고 분명했기 때문입니다. 사신은 사실의 진위를 확인하기 위해 달마 대사의 무덤을 팠습니다. 그런데 무덤 안의 관 속에는 신 한 짝만 있을 뿐 달마 대사의 흔적이 전혀 없었습니다.

위에서 말씀드린 부처님과 달마 대사의 예화를 통해

중요한 사실을 발견할 수 있습니다. 우리의 참 생명은 육체와 함께 죽는 것이 아니라 영원히 살아있다는 사실입니다. 또한 우리는 아직 능력이 부족하여 부처님과 달마 대사처럼 생사에 자유자재할 수는 없지만 우리에게도 무한한 가능성이 있다는 사실을 명심해야 됩니다. 우리는 공부를 통해, 수행 체험을 통해 삶과 죽음이 둘이 아닌 이치를 깨달을 수 있습니다. 영가들에게 이러한 지혜의 눈을 뜨게 해 주고, 형체 없는 진정한 마음의 양식을 제공해 주기 위하여 천도재를 올리는 것입니다.

> 오늘의 사부 대중과 그리고 우리가 모신 영가 분들이여,
> 맑고 고요하고 신령스러운 근원은 뚜렷이 밝아서
> 생生도 사死도 없는 참 생명의 실상은
> 부처님과 우리가 조금도 다를 바가 없습니다.
> 諸佛子 還會得 湛寂圓明底
> 一句麽

이 도리를 아시느냐고 묻고는 요령을 3번 흔듭니다. 우리의

참 생명은 형상을 나타낼 수도 없고 이름을 붙일 수도 없는 존재입니다만, 염불소리, 요령소리, 법문소리를 들을 줄 아는 역력히 살아 있는 존재입니다. 만약 요령소리 세 번으로 생명의 실상을 깨닫는다면 그 영가야말로 상근기이며 영원히 열반의 길을 걷는다는 것을 나타냅니다.

그 후 계속되는 염불은 다음과 같습니다.

지금까지 설명한 참 생명에 대한 실상을 깨닫지 못했다면
하는 수 없이 부처님의 위신력을 빌어 향단에 모시고서
천도를 올려 드릴 테니 부디 오셔서
저희들의 미묘한 법공양을 받으시고
49일간의 기도 공양을 받아서
꼭 당신의 본성 자리를 깨달으십시오.
其或未然 承佛神力
仗法加持 赴此香壇
受我妙供 證悟無生

나와 영가들을 위해 조금이라도 좋은 일을 해야겠다는 마음으로

공덕을 쌓으면 영과 신들이 기뻐합니다.
우리가 염불하고 간경하고 기도를 같이 함으로써
업장이 소멸하기 때문에
이런 행사를 치름으로써 온갖 성현들이 와서
영가를 접인해 갑니다.
修仁蘊德龍神喜
念佛看經業障消
如是聖賢來接引

한마음으로 받들어 청합니다.
一心奉請

이렇게 차선책을 부탁드리고, 일심으로 영가를 청합니다. 사실 영가의 자성은 본래 이름도 없고, 자취도 없이 인연 따라 숨기도 하고 나타나기도 합니다. 이것이 영가의 참모습입니다. 업 따라 사람이 되기도 하고 사람의 모습에서 떠나기도 합니다.

    지금은 우리가 육신을 가지고 있기 때문에 움직이는

것조차도 힘들고 복잡합니다. 그런데 영가는 육신의 제약을 받지 않기 때문에 움직임에 전혀 장애를 받지 않습니다. 시공을 초월하는 것입니다. 영가는 하늘을 자유자재로 날아다니는 데에도 장애가 없고, 시공간의 제약도 받지 않으니 영가께서는 꼭 재에 오셔서 지극정성으로 모시는 스님의 염불과 법문을 듣고 부디 천도되시기를 바란다고 계속 반복하여 부탁하는 것입니다.

천도재 의식문은 이와 같이 영가의 눈을 뜨게 하기 위해 중요한 경전들의 핵심을 모아서 염불을 해 드릴 수 있도록 구성되어 있습니다. 재의 의식문들을 찬찬히 살펴보면, 조목조목 천도가 확실히 될 수 있도록 짜여 있음을 알 수 있습니다. 우리 선사 스님네들의 지혜와 큰 깨달음의 안목에 감탄하지 않을 수 없습니다. 요즘에는 우리말로 풀어 쓴 의식문으로 천도재를 봉행하는 곳도 많습니다. 그 진정한 뜻을 음미하면서 지극한 마음으로 천도재를 봉행할 때 그 공덕은 이루 말할 수 없을 정도로 크다는 것을 직접 느끼시기 바랍니다.

육신의 껍데기를 버리고 참 주인공을 찾다

••• 인생의 진정한 의미

인간의 육신은 지수화풍地水火風 4대로 구성되어 있습니다. 세상 만물 존재하는 모든 것이 마침내 스러져 없어지듯이 아무리 오래 산다 해도 100년, 120년 만에 이 세상을 떠납니다. 사람들은 대부분 스러지는 육신을 '나'라고 생각해서 집착합니다. 사람들이 식욕, 재물욕, 애욕, 수면욕, 명예욕 등 탐욕의 노예가 되는 것도 이 육신을 '나'라고 생각하기 때문입니다. 그런데 만일 이 사대육신이 '참 나'라면 굳이 영혼을 천도할 필요도 없고, 천도재가 있을 필요가 없지요.

　부처님께서는 육신을 끌고 다니는 주인공이 따로 있다고 하셨습니다. 그 주인공이 인간의 '참 면목'이고, '참 나'라고 가르치셨습니다. 그렇기 때문에 육신의 생명이 다해 죽은 뒤에 올바른 사상과 가르침을 통해 영가를 천도하는 길이 있는 것입니다.

　우리는 살아갈 때 어떻게 사는 것이 가장 올바른 삶인가를 생각합니다. 죽음에 당면했을 때도 마찬가지입니다. 죽음의 실상이 무엇인가를 깨달음의 안목으로 명확히 봐야 합니다. 그래야 업에 떨어지지 않고, 원력으로 다음 생을 선택할 수 있는 것입니다.

　부처님 말씀 중에 "잠 못 드는 사람에게 밤은 길고, 피곤한 나그네에게 길이 멀다. 참으로 인생의 진정한 의미를 모르는 사람에게는 생사의 밤길이 길고 멀다."라고 하신 말씀이 있습니다. 인생의 진정한 의미를 모르고 살면서 모든 것에 얽매이고 집착하고 '나'라고 하는 캄캄한 소견을 가지고 허우적댄다면 살아있는 우리나 구천을 떠도는 영가나 똑같이 '캄캄한 밤길' 위에 있는 것입니다.

••• 태어나지도 않았고 죽지도 않았다

금일 천도 받는 여러 영가들이시여, 우리가 무엇을 가지고 '나'라고 합니까?

무엇을 가지고 보고 듣습니까?

눈으로 봅니까? 귀로 듣습니까?

귀와 눈이 있는데도 못 보는 것은 무슨 이치인 것입니까?

예를 들어 "누군가 60년 전에 태어났다."고 한다면, 그 속에는 지수화풍 4대가 거짓으로, 임시로 인연에 의해 결합되었다는 의미가 있습니다. 이것을 '생生'이라고 합니다. 그러나 오늘 주인공인 영가나 이 자리에 계신 여러분이나 참 생명체는 태어난 바가 없습니다.

또한 "누군가 60년 동안 살다가 죽었다."라는 말에는 지수화풍地水火風 4대의 인연이 다하여 뿔뿔이 흩어졌다는 의미가 있습니다. 죽음이라는 표현을 썼지만 영가는 일찍이 죽은 바가 없습니다. 영가를 천도하기 위해 모인 우리들도 마찬가지입니다. 태어나지도 않았고 죽지도 않은 것입니다.

그러면 무엇이 태어나 무엇으로 말하고 듣고 움직이고 있는지에 대한 의구심을 갖게 될 것입니다. 분명 이 몸은 있지 않은가? 지금 이 순간에도 우리는 말하고 듣고 움직이고 있지 않은가? 누가 움직이고 누가 말하는 것인가? 바로 대낮처럼 환하게 밝은 참주인공이 움직이고 말하는 것입니다. 구름이 태양을 가리면 어둡고, 구름이 사라지면 밝다고 하지만 태양의 입장에서는 구름이 가린 적도 없고 구름이 사라진 때도 없습니다.

오늘 영가께서는 부처님께서 말씀하신 이 무궁무진한 무량공덕 생명과 불생불멸의 참주인공을 이해해야 합니다. 그렇다면 그 어떤 불행과 고난에서도 그 누구도 탓할 수 없을 것입니다. 또한 이미 고난이라는 생각이 들지 않을 것입니다. 영가의 참주인공을 깨달을 때 나에게 주어진 환경이나 어려움, 불행은 아무런 문제가 되지 않습니다. 이 이치를 알면 영가를 천도해 드리는 사람들 역시 자기가 지은 공덕대로 밝게 살아갈 수가 있습니다.

영가를 위해서 일러 드리는 천도재 의식에서 시식의 글에도 "근원은 맑고도 고요해서 옛날도 없고 지금도 없다. 묘한 본체는 원만하고 밝아서 어찌 태어남이 있고 죽음이 있겠는가靈源湛寂 無古無今 妙體圓明 何生何死."라는 내용이 나옵니다. 진정한 생명체는 부처님의 생명체와 조금도 다르지 않아서 삶과 죽음이 처음부터 있을 수 없습니다. 금일 영가께서 여기에 눈을 뜰 때 영원한 생명을 깨닫게 됩니다. 그 어떤 값진 보물로써 나의 재산을 삼았다고 할지라도 결코 이 깨달음에는 미칠 수 없습니다.

부처님께서는 『금강경』을 공덕이 매우 많은 경전이라고 하셨습니다. 얼마나 많은가 하면 이 넓은 지구 땅덩어리만한 보물로 남을 위해 보시한 공덕보다도 이 진리의 가르침을 이해하고 남에게 가르쳐준 공덕이 훨씬 나은 것이라고 했습니다. 모든 부처님과 부처님의 가르침이 이 경에서 나왔다고도 했습니다.

이렇게 공덕이 큰 『금강경』에 보면 "범소유상凡所有相 개시허망皆是虛妄 약견제상비상若見諸相非相 즉견여래卽見如來"라고 하는 사구게가 나옵니다. 풀이하면, "무릇 이 세상에 있는 모든 형상은 다 허망한 것이다. 만약 모든 형상을 형상이 아닌 것으로 보면 그 사람은 곧 여래를 볼 것이다."라는 것입니다.

'여래를 보는 사람'은 깨달은 사람을 뜻합니다. 깨달은 뒤의 4대는, 곧 이 육신은 허망한 것이 아닙니다. 광명으로서의 4대요, 진리로서의 4대요, 법신으로서의 4대입니다. 깨달음으로써 우리는 허망한 육신에 속지 않고 법신으로서의 삶을 영위할 수 있는 것입니다.

또 부처님께서는 "약이색견아若以色見我 이음성구아以音聲求我 시인행사도是人行邪道 불능견여래不能見如來."라고 하였습니다. 풀이하면, "만약 육신으로써 나를 보려 하거나 음성으로써 나를 찾으려 한다면 이 사람은 잘못된 길을 가는 것이다. 결코 여래는 볼 수 없으리라."는 내용입니다.

위의 『금강경』 사구게에서도 볼 수 있듯이, 천도를 하는 우리나 천도를 받는 영가들이 지수화풍 4대로 구성되어 있는 육신을 '참 나'라고 생각한다면 그것은 삿된 도를 행하는 것이고 미신을 믿는 것임을 알아야 합니다.

또 『금강경』에 의하면 "심주어법心住於法 이행보시而行布施 여인입암如人入闇 즉무소견即無所見이라, 마음을 온갖 것에 머물러 보시하는 것은 마치 사람이 어두운 곳에서 아무 것도 볼 수 없는 것과 같다."라는 내용처럼 참으로 마음이 어딘가에 고착되어서 고정된 모습을 고집할 때 그 사람은 캄캄한 밤길을 걸어가는 것과 같습니다.

모든 것은 연기緣起의 이치로 생하는 것입니다. 이 세상 만물이 서로서로 의존하고 인연이 화합하여 일어난다는 이치를 모르고, 모든 것이 영원하며 나의 것이라고 고집할 때 문제가 야기되는 것입니다. 미혹한 마음으로 문제를 풀려고 하면 돌아오는 결과는 상처뿐입니다. 영가든 영가가 아니든 마찬가지입니다. 그래서 다시 『금강경』에서 비유하길,

"마음을 온갖 것에 머물지 않고 보시하는 것은, 마치 사람에게 밝은 눈도 있고 햇빛도 밝게 비칠 적에 갖가지의 온갖 사물들을 분별하여 볼 수 있는 것과 같다心不住法 而行布施 如人有目 日光明照 見種種色."고 한 것입니다.

『화엄경』에 심불급중생心佛及衆生 시삼무차별是三無差別이라는 구절이 나옵니다. 우리들의 마음과 부처님, 그리고 중생, 본래 이 세 가지가 차별이 없는 것인데, 편의상 이해를 시키기 위해서 그렇게 나누어서 설명하고 있는 것이라는 말씀이지요. 이 말씀은 곧 마음에 따라 부처도 되고 중생도 된다는 것입니다. 부처가 되고 싶습니까? 중생으로 남겠습니까? 마음이 얽매이지 아니하고, 어디에도 머물지 않고, 자유

롭게 살아갈 때 태양도 환하게 비추고 눈도 밝아져 머나먼 길을 잘 걸어갈 수가 있습니다.

천도재는 영가에게 지혜의 눈을 뜨게 해 주는 의식입니다. 부처님의 광명과 지혜 자비의 위신력으로 영가가 생사의 길을 자유롭게 걸어갈 수 있는 계기를 마련해 드리는 것입니다. 영가든 이 세상 사람이든 생사의 밤길은 참으로 어둡지만 부처님의 지혜의 등불을 불빛으로 삼으면 무사히 그 어둠 속을 헤쳐 나갈 수 있습니다. 이 지혜의 배가 아니면 사바세계의 고해苦海를 도저히 건너갈 수가 없습니다. 하지만 아무리 부처님의 광명이 밝다고 하더라도 영가가 눈을 감고 길을 간다면 또 넘어질 수밖에 없습니다.

오늘 여러분의 정성으로 천도재를 받으시는 영가께서는 부디 스스로의 눈을 뜨시고 부처님의 지혜의 불빛을 보십시오. 부처님께서 이끌어주시는 대로 환한 저승의 길을 가시기 바랍니다. 또 이 자리에서 정성을 드리고 있는 우리도 오늘 천도재를 올리는 공덕으로 이 세상을 편안하고 행복하게 살아가시고, 더 나아가 진리의 눈을 뜨시어 생사에 자유자재하시길 빕니다.

돌아가신 이와 살아있는 이 모두를 위하여…

병고중의 사람에게 의사이시며
늙은이들 의지하올 지팡이시며
고달픈 이 편히 쉬실 평상이시며
생로병사 건네주는 다리이시며
불국토로 가는 이의 뗏목이어라.

나무 대원본존 지장보살마하살

••• 감사하면 감사할 일만 생기듯

불교에서는 전통적으로 음력 7월을 선망부모를 위한 효도의 달이라고 합니다. 이 기간에 대부분의 절에서는 선망부모와 떠도는 외로운 혼령들을 위한 천도 기도를 올리고, 음력 7월 15일 우란분절에는 천도재를 크게 지냅니다. 물론 일 년 365일 기도하고 천도해드려야겠지만, 특별히 기간을 정해서 하는 것은 좀 더 집중해서 할 수 있기 때문입니다. 사실 우리가 돌아가신 분들을 대신하여 기도하고 천도재를 올리는 것은 돌아가신 분들은 물론이고, 우리 자신을 위한 것입니다.

『지장경』에서 말씀하시길, "혹 어떤 남자나 어떤 여인이 생전에 선한 일을 닦지 아니하고 여러 가지 죄만 많이 지었더라도, 목숨이 마친 뒤에 그의 멀고 가까운 권속들이 그를 위하여 복을 닦아주면 그 모든 거룩한 공덕의 7분의 1을 돌아가신 이가 얻으며, 나머지 6분의 공덕은 산 사람 스스로의 차지가 된다."고 하였습니다.

우리가 지극정성으로 기도를 드리면 돌아가신 분들이 살아계실 적에 선한 일을 했든 악한 행동을 했든 선악에 상관없이 지은 업장이 소멸되고 생전에 부족한 공덕이 닦여진다는 것입니다. 또한 그 공덕이 돌아가신 분들에게만 돌아가는게 아니라 지금 이 자리에서 기도를 올리고 있는 본인에게 더욱 많은 공덕이 돌아가는 것입니다. 이렇듯 우리가 지장보살님께 기도하고 참회하는 것은 영가와 우리 자신 모두에게 큰 공덕이 된다는 사실을 먼저 확신해야 합니다. 그리하여 날마다 기도하는 삶, 참회하는 삶으로 일구어야 합니다.

지장보살님을 생각하며 기도하는 것에 대한 가장 큰 보상은 지장보살님을 한 번 더 생각하게 되는 것이고, 지옥 중생이 다 성불하기 전까지는 성불하지 않겠다는 지장보살님의 큰 원력을 닮는 것입니다. 이와 마찬가지로 우리가 악을 짓는 것에 대한 최대 과보는 악을 한 번 더 짓게 되는 일입니다. 세상 이치는 다 한가지입니다. 늘 선행을 하면 선행을 할 인연만 생기고, 감사하면 감사할 일만 생기는 것입니다.

··· 백천만 냥보다 가치 있는 게송

중국 당나라 때 어떤 상인이 있었습니다. 상인은 여러 달 동안 전국 곳곳을 돌아다니며 장사를 하다가 연말을 맞이하여 오랜만에 집으로 돌아가게 되었습니다. 상인은 그동안 장사가 매우 잘 되어 돈을 많이 벌었습니다. 그는 부인에게 줄 선물을 사기 위해 시장을 이리저리 둘러보았습니다. 그런데 마침 "게송을 팝니다."라고 쓴 팻말을 놓고 한 노스님이 앉아 있는 모습이 눈에 뜨였습니다. 평소 호기심이 많던 상인은 노스님에게로 가까이 다가가 여쭈었습니다.

"무슨 내용이기에 돈을 받고 게송을 팝니까?"

"이것은 세상에 둘도 없는 아주 귀하디귀한 보배로운 게송입니다."라고 노스님이 대답했습니다.

"얼만데요?"

"황금 열 냥이 아니면 팔 수 없는 값진 게송이지요." 라는 노스님의 대답에 상인은 어리둥절했습니다. 황금 열 냥이라면 당시 굉장히 큰 액수였기 때문에 상인은 잠시 망설였습니다. 하지만 '얼마나 대단한 게송일까' 궁금하기도 하고, 아내에게 값진 선물을 주고 싶기도 해서 그 게송을 사기로 했습니다.

그런데 황금 열 냥을 주고 받아본 족자에는 "앞으로 세 걸음 걸으며 생각하고, 뒤로 세 걸음 물러나서 생각한다. 성이 날 때는 잘 생각하여 노여움의 불을 끄는 것이 가장 좋은 일이다."라는 말이 적혀 있었던 것입니다.

대단한 게송을 기대했던 상인은 매우 실망하며 노스님께 따졌습니다.

"아니 누구나 다 알 만한 이 몇 마디 말이 황금 열 냥짜리란 말입니까? 말도 안 됩니다. 스님, 사람을 앞에 두고 기만한 것이 아닙니까?"

하고 따지면서 거래를 도로 무르려고 하였습니다.

노스님은 상인이 화를 벌컥 내며 따지는데도 껄껄 웃으면서 "잘 기억해 두었다가 참을 수 없이 화가 날 때 이 게송을 큰 소리로 읽도록 하시오." 하고는 금세 사라져 버렸습니다.

상인은 황금 열 냥이 엄청나게 아까웠지만 어쩔 수 없이 족자를 말아 어깨에 메고 발길을 돌려 집으로 향했습니다. 상인이 집에 도착했을 때는 어느새 날이 저물어 캄캄한 밤이 되었습니다. 상인은 오랜만에 집에 돌아와 아내를 만날 수 있다는 기쁨에 설레었습니다. 한달음에 집에 들어가 큰 소리로 아내를 부르려고 하는데, 방문 앞에 어떤 남자의 신 한 켤레와 여자의 신 한 켤레가 나란히 놓여 있었습니다.

그것을 본 상인은 화가 머리끝까지 치밀어 올랐습니다. 자기가 없는 사이에 아내가 다른 남자와 정을 통하고 함께 잠이 든 것이라고 단정하였기 때문입니다. 상인은 화를 도저히 참을 수가 없어 다리가 부들부들 떨릴 정도였습니다. 간통하는 두 남녀를 죽여서 복수해야겠다는 생각으로 부엌으로 뛰어 들어갔습니다. 부랴부랴 부엌에서 칼을 찾아 들고 나오는데, 갑자기 어깨에 멨던 족자가 툭 떨어져 그의 발에 걸렸습니다.

족자 때문에 넘어질 뻔했던 상인이 그제야 정신을 차리고 눈앞에 떨어진 족자를 보았습니다. 황금을 열 냥이나 주고 산 게송이라는 생각이 퍼뜩 들었고, "참을 수 없이 화가 날 때 이 게송을 큰 소리로 읽도록 하시오."라는 노스님의 말씀이 뇌리에 스쳤습니다. 상인은 노스님 말씀대로 족자를 펼쳐서 게송을 소리 내어 읽었습니다.

"앞으로 세 걸음 걸으며 생각하고, 뒤로 세 걸음 물러나서 생각한다. 성이 날 때는 잘 생각하여 노여움의 불을 끄는 것이 가장 좋은 일이다."

상인은 자신도 모르게 게송이 시키는 대로 몸을 움직였습니다. 앞으로 세 걸음, 뒤로 세 걸음…그러는 사이 인기척을 느낀 부인이 방문을 열고 나왔습니다.

상인을 본 부인은 "아니 여보, 어째서 이렇게 늦게 돌아오신 거예요. 얼마나 기다렸는지 아세요."라고 하면서 눈물을 흘리며 반가워했습니다. 그러나 상인은 여전히 화가 가시지 않았습니다. 부인에게 퉁명스런 목소리로 "방안에 있는 남자는 누구냐?"고 물었습니다. 부인은 무슨 말인지 알 수 없다는 표정을 지으며 아무도 없다고 대답했습니다.

"그럼, 이 신발은 누구의 것이오?"라고 다그쳐 묻자, 활짝 웃으면서 말했습니다.

"여보, 오늘이 섣달그믐이잖아요. 해가 바뀐다고 생각하니 당신이 더 보고 싶었어요. 우리 부부가 더 화목해지기를 기원하면서 당신의 새 신발과 새 옷을 마련했어요."

부인은 상인을 이끌고 방에 들어가 자랑하듯 새 옷을

내어 보이는 것이었습니다. 상인은 그제야 자신이 오해한 것을 알고, 미안해 하며 아내를 얼싸안았습니다. 또한 '정말 값지고 보배로운 게송이다. 황금 열 냥이 아니라 백 냥, 천 냥, 만 냥 이상의 가치가 있구나' 하고 크게 뉘우치며 노스님께 감사의 인사를 올렸습니다.

••• 삼독의 불을 끌 때 지옥고를 면한다

지장보살님께서는 주장자를 짚고 지옥의 문 앞에 서계시면서 죄를 짓고 지옥으로 들어오는 악하고 가련한 중생들을 위해 법을 설해주고 계십니다. 경전에 의하면, 지장보살님께서는 눈물로써, 피와 땀으로써 때로는 여름철 소나기 같은 설법으로 지옥중생들의 성불을 위해 쉼 없이 애쓰고 계신다고 하였습니다.

또 경전에서는 우리가 살고 있는 사바세계를 '불타는 집'이라고 했습니다. 정신없이 돌아가는 세상을 보면 이 표현이 정말 적당하다는 생각이 듭니다. 주변 환경도 그렇지만, 현실을 사는 우리에게는 탐내고 성내고 어리석은 탐진치 삼독의 불이야말로 지옥의 불입니다. 순간순간 끊임없이 치성하는 삼독의 불을 끄지 못한다면 살아서도 죽어서도 결코 지옥의 고통을 면할 수가 없습니다.

그러는 한편 우리 마음이 삼독의 불로 뜨겁게 타오를 때 인내심과 수행력으로 그 불을 끌 수만 있다면 이미 우리는 잠깐 동안이나마 우리 마음속에 지장보살님을 모시는 것이 됩니다. 아니 그 순간만큼은 지장보살이 된 것입니다.

앞에서 말씀드린 옛 이야기 속의 상인 역시 스스로 지장보살이 되어 지장보살님의 머리카락 한 올, 지장보살님의 땀방울 한 방울을 체험하였다고 할 수가 있습니다. 이 상인은 아마도 노스님이 족자 속에 써주신 말씀을 마음에 새기고 화가 날 때마다 노여움의 불을 확실히 끄고 행복하게 살아갔을 것입니다. 그러면서 어느 순간부터는 화날 일도 없고, 노여움의 불을 끌 일도 없는 경지를 체험했겠지요. 생각하는 것도 습관이 되기 때문입니다. 늘 탐진치 삼독심을 내는 연습을 한 사람은 탐내고 성내고 어리석은 삼독의 불길을 끄느라 인생을 허비합니다. 하지만 삼독의 불길을 끄고 또 끄면서 자신의 마음가짐을 반성하고 반성한 사람은 인격이 완성됩니다. 본래 자기 자신 속에 갖추고 있던 불성을 깨닫고 이 생에서 그대로 지장보살님의 원력을 가지고 살아갈 것입니다.

우리 불자들이 평소보다 더욱 열심히 지장보살님을 염하며 기도하는 음력 7월입니다. 지옥같이 뜨거운 삼복의 불볕더위 속에서 청량한 지장보살님의 정신을 깊이 명상하시고 모두가 지장보살님을 닮아 지장보살님처럼 살아가시길 빕니다.

목마른 사람에겐 청량수 되고
굶주린 사람에겐 과실이 되고
헐벗은 사람에겐 의복이 되고
더위 속 사람에겐 큰 구름 되네.

나무 대원본존 지장보살 마하살

우란분재, 어머니를 지옥의 고통에서 건져내다

··· 가장 으뜸가는 효도

세속에서는 음력으로 7월 15일인 백중百中을 백종百種·중원中元·망혼일亡魂日이라고도 합니다. 백중을 백종이라 하는 것은 이때쯤 과일과 채소가 많이 나와 100가지 곡식의 씨앗을 갖추어놓은 데서 유래되었다고도 하고, 백종白踵이라 하여, 이날은 머슴들이 발뒤꿈치를 희게 드러내놓고 쉬었다는 데서 유래되었다고도 합니다. 민간에서는 이날 100가지의 과실을 차려 제사를 지내고 남녀가 모여 음식을 먹고 노래와 춤을 즐겼습니다. 백중은 우리나라 24절기에 따른 세시 풍속의 명절입니다. 가정에서는 한창 익은 과일을 따서 사당에 천신 차례를 올리고 백중 잔치를 하기도 했습니다. 머슴들은 이날 하루만큼은 일손을 쉬었고, 일을 잘한 머슴에게는 포상을 내리기도 했지요. 절에서는 백중을 '우란분절'이라고도 하는데, 선망 부모, 조상과 허공을 떠도는 외로운 영혼들을 위하여 우란분재盂蘭盆齋를 올리고 해제를 맞이한 스님들께 공양을 올렸습니다. 불교에서는 백중이 큰 공덕의 문을 여는 '효의 날'로 매우 큰 의미를 지닌 날입니다.

"수욕정이풍부지樹欲靜而風不止하고 자욕양이친부대子欲養而親不待라, 나무는 조용히 있고자 하지만 바람이 그치지 아니하고, 자식들은 어버이를 오래 모시고자 하지만 어버이는 기다려주지 않는다."는 옛말이 있습니다. 부모님께서 돌아가신 뒤에 통곡하며 후회하지 말고, 살아계실 적에 효도하라는 말씀입니다. 효도뿐만 아니라 모든 일거수일투족에 바로 지금 이 자리에서 최선을 다해야 하는 것입니다.

부처님께서 말씀하시기를, 부모를 위해 효도하는 길은 크게 세 가지가 있다고 하셨습니다. 첫째, 평범한 효도로서 상식적인 수준의 예법대로 부모를 모시고, 돌아가신 후에는 사회에서 통용되는 의식대로 장례를 치러 드리는 것입니다.

둘째, 큰 효도로서 살아계실 때 부모의 뜻을 받들고 돌아가신 후에 부모의 이름을 빛낼 수 있도록 하는 것입니다. 물론 살아계시는 동안 물질적인 공양만이 부모를 위하는 것이 아닙니다. 옛날부터 부모의 뜻을 잘 헤아려서 행동하는 것이야말로 바람직한 효도라고 하였습니다.

『효경』에 나오는 이야기인데, 중국에 세상 사람들에게 손가락질을 당하는 효자가 있었습니다. 산에 가서 나무를 해 오면 그의 아버지가 동구 밖에서 기다리다가 아들의 나무를 받아 짊어지고 집에 돌아오곤 했습니다. 그 아버지는 아들의 짐을 받아 지고 돌아오면서 아들에게 조금이라도 힘이 되어주는 것이 기쁘고 마음도 편하기 때문에 늘 그렇게 했던 것입니다. 아들은 그런 아버지의 마음을 헤아려 나뭇짐을 아버지에게 맡기고 휘파람을 불면서 아버지 뒤를 따라 집에 돌아오곤 했습니다.

이것을 본 마을 사람들은 "아버지에게 짐을 지우고 편안히 뒤에서 따라오는 불효자식"이라고 하면서 그 아들을 욕했습니다. 하지만 사실은 그 아들이 효자입니다. 남의 이목이 중요한 게 아니라 부모의 뜻을 헤아리는 것이 중요하기 때문입니다. 그의 아버지는 아들을 돕는 데에서 행복을 느끼고 일을 하고 싶어 했기 때문입니다. 남들이 뭐라 해도 부모의 뜻을 따라주는 것이 큰 효도라고 할 수 있습니다.

평소에 부모를 위한다고, 효도를 한다고 하면서도 부모의 뜻을 어기는 경우가 많이 있습니다. 주위를 돌아보면 자신의 체면, 사회적 지위를 생각하여 부모가 자기 뜻대로 행동해 주길 바라고, 또 그것을 강요하는 사람들이 많습니다. 그러나 유교의 『효경』이나 불경에서 분명히 밝히듯이 부모의 뜻을 어기지 않는 것이 참다운 효도입니다. 부모가 험한 일이라도 하고 싶어 하신다면 자식의 체면을 깎는 일이 있더라도 일하게 해드려야 하며, 부모가 자식을 업어주고 싶다면 그렇게 해드리는 것이 효도입니다.

부처님께서는 그러한 효도에서 더 나아가 "살아있을 때 올바른 믿음과 올바른 사상과 종교로 인도하고, 돌아가신 후 영혼을 천도해 드리는 것이 가장 큰 효도이니, 내 제자 가운데 목건련 존자 같은 사람의 효도이니라."라고 말씀하셨습니다. 효도 중의 가장 으뜸이 바로 부모가 살아계실 때 올바른 사상과 신앙으로 인도하여 진리를 깨닫게 해드리는 것이라는 말씀입니다. 혹여 살아계실 적에 못 해드렸다면 돌아가신 후에라도 천도를 해드려서 정법으로 인도해드려야 한다는 말씀입니다. 부모님을 천도해서 극락왕생을 지극정성 발원하는 것은 극락에 나면 누구나 아미타 부처님의 가르침을 받고 마침내 성불할 수 있기 때문입니다. 물론 우리는 이미 성불한 존재입니다만, 그것조차도 아미타 부처님 회상에서는 금세 깨달을 수 있다는 말씀입니다.

부처님께서도 말씀하셨듯이, 부처님의 제자 가운데 목건련 존자가 바로 가장 큰 효도를 하신 분입니다. 목건련 존자는 어머니에 대한 효성이 매우 지극하여 지옥에 떨어진 어머니를 건져드리기 위해 부처님께 방법을 여쭙고 우란분재를 지내드려 어머니를 천도해 드렸던 내용은 뒤에 자세히 말씀드리겠습니다.

사실 사람이 좋지 않은 사상과 삿된 종교에 연루되거나 인연을 맺어 놓으면 평생을 망칠 수도 있습니다. 잘못된 믿음은 자신의 일생을 그르칠 뿐만 아니라 가족들의 삶까지 망

가쁘리게 되는 것입니다. 그런데 불자들은 부처님이라는 인류 역사상 가장 훌륭한 분을 스승으로 모시고 부처님의 덕 높은 가르침을 삶의 교훈으로 받아들여 살아가는 분들이니 늘 부처님을 생각하면서 부처님을 닮고자 노력해야 합니다.

부처님을 한번 생각해보십시오. 인도 카필라 족의 고귀한 왕자로 태어나 무엇 하나 부족할 것 없는 분이었습니다. 그런데 부처님께서는 인생의 참다운 진리를 찾기 위해 명예, 부귀, 아름다운 부인, 귀여운 자식 등 보통사람들이 꿈꾸는 것들을 헌신짝처럼 버리셨습니다. 호화로운 궁전에서 나와 설산에서 6년 동안 허기만 겨우 면하면서 피나는 고행을 하셨습니다. 마침내 위없이 높고 바른 깨달음을 크게 성취하였지요. 인생과 우주에 대한 깊은 이치와 삶과 죽음의 실상을 깨달으신 것입니다.

부처님께서는 진리를 깨달으신 후 열반에 이르시기까지 49년 동안 한순간도 쉬지 않고 그 넓은 인도 땅을 걸어다니시며 당신이 깨달은 바를 설법해 주셨습니다. 오직 중생들의 고통을 덜어주기 위해서, 중생의 이익과 행복에 보탬을 주기 위해서 법을 설하신 것입니다.

이렇게 훌륭한 부처님의 가르침으로 살아계신 부모님을 인도하고, 부모님이 돌아가신 뒤에라도 부처님의 지혜로써 그 영혼을 천도해 주는 일이야말로 가장 으뜸가는 효도입니다.

••• 우란분재의 유래

우란분재라는 말은 '우란분盂蘭盆'이라는 단어와 '재齋'의 합성어입니다. '우란분'은 범어의 '울람바나ullambana'를 음역한 것으로 도현倒懸 즉 거꾸로 매달린다는 뜻입니다. 재齋라는 말은 '우포사다uposadha: 몸과 마음을 청정히 하고 행동을 삼간다, 부정을 피한다'라는 범어에서 온 것입니다. 백중, 즉 우란분절에 절에서는 돌아가신 부모나 살아계신 부모님을 위해 스님들께 공양을 올리고 지성으로 우란분재를 지냅니다. 우란분재는 부처님의 10대 제자 중에서 제일가는 효자였던 목건련 존자가 지옥에 떨어진 어머니를 천도한 것에서 유래하였습니다. 우란분재의 유래에 대해 『우란분경』과 『목련경』을 중심으로 하여 간략히 살펴보면 다음과 같습니다.

부유한 상인이었던 목건련目犍連 존자의 아버지는 존자가 스무 살이 되기도 전에 세상을 떠났습니다. 존자는 아버지의 가업을 물려받아 먼 나라로 장사를 떠나게 되었지요. 존자는 어머니 청제 부인에게 간곡하게 당부하였습니다.

"어머니! 아버님께서 남기신 재산 중 3분의 1을 드리겠습니다. 제가 집에 없는 동안 매일 스님들을 청하여 아버님의 극락왕생을 위한 재齋를 베풀어 주십시오."

"아무렴, 당연히 재를 올려드려야지. 어찌 재만 지내겠느냐? 너의 무사 귀환과 사업 성취를 위해서도 지극한 마음으로 기도할 테니 안심하고 잘 다녀오너라."라는 어머니 청제 부인의 말씀을 믿고 목건련 존자는 마음 편히 길을 떠났습니다.

그러나 마을 어귀까지 나와 아들을 전송하면서 굳게 약속한 청제 부인은 집에 돌아오자마자 그 모든 것을 어겼습니다. 스님들 대신 놀기 좋아하는 남녀를 집안으로 끌어들였고, 재를 지낼 음식 대신 향연을 위한 고기와 술을 장만하여 노래하고 춤추고, 남자들과의 향락에 빠져 헤어날 줄을 몰랐지요.

열심히 노력한 끝에 큰 이익을 남긴 목건련은 고향으로 향하였습니다. 그는 이번 장사 길에 자신이 무사하고, 장사가 매우 잘 된 것도 어머니의 기도 덕분이라고 생각하니 더욱 어머니가 그리웠습니다. 어머니를 다시 뵐 생각을 하니 기쁘기 그지없었지요. 그런데 고향 마을 어귀에 이르렀을 때 생각지도 않았던 소문을 듣게 되었습니다. 어머니의 방탕한 생활에 대한 소문은 도저히 믿을 수 없는 것이었지요.

목건련은 데리고 다니던 시종을 집으로 보내 소문에 대한 진위 여부를 확인하게 했습니다. 시종은 집에 도착하여 상황을 살펴본 결과 헛소문이 아니었다는 것을 눈치 챌 수 있었습니다. 이에 당황한 청제 부인이 돈으로 시종을 매수하여 목건련에게 거짓을 고하게 하였습니다. 그리고 목건련이 집에 도착하기 전에 향연에 참석한 사람들에게 스님의 가사를 입혀 거짓 재를 지내게 하였습니다.

시종에게 소문과는 달리 별 문제없이 재를 잘 지내고 계신다는 말을 듣고 목건련은 '그럼 그렇지' 하면서 기분이 좋아져 기쁜 마음으로 집으로 갔습니다. 하지만 아들을 맞이하는 어머니의 얼굴이 예전처럼 맑지 않았습니다. 삿된 기운이 가득한 어머니를 보고 목건련이 소문에 대해 여쭈었지요. 어머니는 소문을 단호하게 부정하면서 굳게 맹세했습니다.

"내가 만약 지금 너에게 거짓말을 했다면 오늘부터 7일 안에 죽어 지옥에 나서 도현倒懸 : 거꾸로 매달리는 것의 고통을 면하지 못하리라."

"어머니, 잠시라도 어머니를 의심한 이 불효자식을 용서하십시오. 앞으로 어머니를 극진히 모시겠습니다."

그런데 그로부터 7일 후 청제 부인은 갑자기 고통스런 비명을 지르며 쓰러져 즉사하였습니다. "아들아, 나 좀 살려다오!"라는 한마디 말만 남기고 눈앞에서 돌아가신 어머니의 갑작스러운 죽음에 목건련은 큰 충격을 받았습니다. 너무나 고통스러워서 '산자야'라는 바라문을 찾아가 어머니가 어디로 가셨는지, 천도해드릴 수 있는지에 대해 물어보았습니다.

"그대 어머니의 간 곳을 알고 싶고, 어머니를 좋은 곳으로 나게 하고 싶으면 모든 재산을 우리 교단에 바치고 선정과 고행을 닦아라. 그리하면 신神께서 그대의 어머니를 천상에 나게 해 줄 것이다."

순진한 목건련은 바라문의 말을 믿고 모든 재산을 교단에 헌납한 다음 도를 닦았습니다. 하지만 신의 가피는커녕 어머니의 간 곳조차 알 수가 없었습니다. 어느 날 목건련은 도반인 사리불舍利弗로부터 석가모니 부처님께서 출현하셨다는 소식을 들었습니다. 사리불과 함께 부처님을 찾아가 제자가 된 목건련은 부처님의 가르침에 따라 수행하여 육신통六神通을 갖춘 아라한이 되었습니다. 부처님의 10대 제자 중의 한 분으로 신통제일 목건련 존자로 불리게 된 것이지요. 신통력이 생긴 목건련 존자는 가장 먼저 어머니가 가신 곳부터 살펴보았습니다. 어머니는 지옥에 아귀로 태어나 형틀에 거꾸로 매달린 채 음식은 보지도 못하고 먹지도 못하여 피골이 상접하였습니다.

효성이 깊은 목건련 존자는 발우에 밥을 담아 어머니께 드렸습니다. 어머니는 황급히 왼손으로 발우를 들고 오른손으로 밥을 움켜쥐었습니다. 그러나 입에 들어가기도 전에 밥은 불덩이로 변하였습니다. 부처님 제자 가운데 신통력이 가장 뛰어나다는 목건련 존자였지만 아귀가 된 어머니에게는 밥 한 술 드릴 수가 없었습니다. 이에 목건련 존자는 슬퍼하며 부처님께로 달려갔습니다. 부처님께 이 모든 경황에 대해 자세히 말씀드리자, 부처님께서 이르셨습니다.

"네 어머니 청제 부인의 죄는 그 뿌리가 매우 깊어 1겁 동안 아귀의 과보를 받아야 하느니라. 더욱이 '거짓말을 한다면 거꾸로 매달리는 고통을 받겠다'는 맹세를 한 과보를 그대로 받는 것이니라. 네 신통력이 아무리 뛰어나고 효성이 천지를 감동시킬지라도 네 어머니의 죄는 소멸시킬 수 없느니라. 하지만 여러 스님네의 위신력을 구하면 해탈할 수 있느니라. 내 이제 구제법救濟法을 설하여 너를 위시해서 세상의 모든 어려운 이의 근심, 괴로움, 죄업을 소멸할 수 있도록 해 주겠느니라."

부처님께서는 목건련 존자에게 스님들의 안거 해제일解制日인 음력 7월 15일에 시방의 스님들에게 공양을 올려 어머니의 죄를 소멸시키는 구제법을 가르쳐 주셨습니다. 목건련 존자는 부처님의 가르침대로 스님들께 지극한 정성으로 공양을 올리는 우란분재를 지냈습니다. 그 덕분에 어머니 청제 부인은 1겁 동안 받아야 할 아귀의 고통에서 벗어날 수 있었습니다. 부처님께서는 목건련 존자의 예를 들면서 우란분재를 올리는 불자들의 마음가짐에 대해 결론적으로 말씀하셨습니다.

"부모가 길러주고 사랑해 준 은혜를 갚는다는 마음으로 우란분재를 행하라."

우란분재를 올리는 음력 7월 15일은 '하안거 해제일'로서 스님들이 여름 3개월간의 공부를 마치는, 요즘으로 치면 방학을 하는 날입니다. 다시 말해 선정禪定을 닦던 많은 스님들의 수행력이 결집되는 날이라고 할 수 있지요. 또한 이날은 '자자일自恣日'이기도 합니다. 자자란 스님네들이 한 자리에 모여 그동안 수행한 것에 대해 점검을 받기도 하고, 공부하면서 있었던 자기의 잘못을 뉘우치기도 하고, 다른 스님들의 잘못을 지적하기도 하며 잘못을 깨우치는 날인 것입니다.

그렇기 때문에 수행의 기운이 참으로 대단한 날이라고 할 수 있지요. 더욱이 시방의 성현들과 십지十地의 보살들이 비구의 모습을 하고 대중들 가운데 있으면서 중생의 복덕을 위해 자비심으로 공양을 받는다고 하니, 이날 공양을 올리면 그 공덕이 얼마나 크겠습니까?

경전에 의하면, 백중날 스님들께 백 가지 맛의 음식과 다섯 가지 과일 등을 공양하는 등 큰 정성을 보이면 시방세계 대보살님들과 스님네의 수행 공덕으로 중생의 비원悲願을 성취함과 동시에 현생의 부모와 이전 여섯 생生의 부모, 그리고 가까운 친족들이 삼악도三惡道의 괴로움을 벗고 천상에 태어나 무량한 즐거움을 누리게 된다고 하였습니다.

전국의 많은 사찰에서 음력 7월 15일 우란분절을 맞이해서 천도재를 봉행하는 까닭이 바로 여기에 있습니다. 부모와 조상의 은혜를 갚는 마음으로 기도한 힘과 스님들이 3개월 동안 수행한 힘이 합해진 백중날에 천도재를 봉행하면 온 법계에 영가를 구제할 수 있는 기운이 충만해 있어서 더욱 쉽게 천도를 할 수 있기 때문입니다. 이것이 바로 우란분재, 곧 백중기도의 목적인 것입니다.

··· '효孝'는 우리 생명의 뿌리

『부모은중경』에는 다음과 같은 감동적인 내용이 나옵니다. 부처님께서 어느 날 하루는 제자들을 데리고 길을 가시다가 해골 한 무더기를 보셨습니다. 부처님께서는 발길을 멈추시고 그 해골더미를 향하여 절을 하셨습니다. 그것을 본 제자들이 깜짝 놀라 부처님께 여쭈었지요.

"삼계의 도사이시고 사생의 자부이신 부처님께서 어찌하여 해골더미에 예배를 하십니까?" 하고 의아해 하였습니다.

부처님께서는 "이 한 무더기의 해골이 나의 전생의 조부모일 수도 있고, 또 여러 대에 걸쳐 나의 부모였을 수도 있다."라고 하셨습니다.

그리고는 "여래가 찬란하고 훌륭한 신상身相을 얻은 것도 과거 생의 효의 공덕이다."라고 말씀하셨습니다.

부처님께서는 위와 같이 『부모은중경』에서 주인을 모르는 뼈 무더기가 다겁 생을 나고 죽는 동안에 부모의 연을 맺었을 수도 있음을 설하시며 일체 중생을 부모님 섬기듯 하라고 하셨습니다. 또한 부모님의 은혜를 갚고자 하면 머리카락을 뽑아 짚신을 삼고, 양 어깨 위에 부모님을 얹어 모시고 수미산을 돌고 돌며 오르고 내려도 다 갚지 못한다고 하셨지요. 그와 같이 지중한 부모님의 은혜를 갚기 위해 우란분절을 맞아 부처님 전에 기도하고 축원을 올리는 것입니다. 부모님께서 삼계 육도 윤회의 고통 바다에서 벗어나시도록 지극한 마음으로 기도하고, 축원하며 공양을 올리는 것이 부모님의 은혜를 갚는 진정한 효도의 길이라 생각합니다.

이즈음 의학의 발달로 사람들의 평균수명이 큰 폭으로 연장되었습니다. 예전에는 드물다 하여 고희라고 했던 70세는 젊은 축에 속합니다. 99세까지 팔팔하게 살아야 한다는 9988이 현실화되고 있는 상황입니다. 이렇듯 노인인구가 크게 증가하다 보니 부모 공양이나 노인문제가 크나큰 사회문제로 떠오르고 있습니다. 어느 사회에서든지 새로운 이슈로 떠오르는 문제가 있다면 벌써 중병이 들어 있다는 증거입니다. 병증이 없으면 사회적으로 부각되지 않기 때문입니다.

'효孝'는 우리 생명의 뿌리이며 우리들의 오늘이 있게 한 근원입니다. 우리 존재의 시발점이기에 부모님에 대한 효도는 곧 우리 존재를 영원히 살리는 일이기도 합니다. 그런데 오늘날에 와서는 지극히 당연하고 자연스러운 인간 행동의 기본인 '효'라는 말이 빛을 잃었습니다. 효도를 말하면 고리타분한 사고방식을 가진 사람으로 치부될 정도이니 참으로 큰 문제가 아닐 수 없습니다.

우리 불자들이 효 운동을 벌여 이 사회의 분위기를 쇄신해야 합니다. 이 사회에 새로운 자극을 주어야 하는 것입니다. 내 생명의 뿌리를 숙연하게 생각하고, 부처님 말씀처럼 모든 사람들을 내 부모 형제로 생각하고, 큰 자비심으로 대할 수 있도록 진정한 의미의 효 정신을 일깨워 주어야 합니다.

불교 최고의 효도의 날, 뜻 깊은 우란분절을 맞이해서 우리 불자들이라도 먼저 효성 깊은 효자 효녀로 거듭나야 합니다. "부모님을 양쪽 어깨에 업고 수미산을 백 천 번을 돌아서 가죽이 터져 뼈가 드러나고 그 뼈가 닳아서 골수가 흐르더라도 부모님의 깊은 은혜를 갚을 수 없다."고 하신 부처님의 말씀을 머리가 아닌 가슴으로 느껴보고 그 백분의 일이라도 실천하는 날이 되었으면 합니다.

참 나眞我를 등불로 삼으라

••• 생명의 실상

저 허공의 구름처럼 언제 어떻게 스러질지 모르는 게 인생입니다. 부처님께서 말씀하시길, 우리 인간이 이 세상에 태어나는 것은 한 조각 구름이 이는 것과 같고 저 세상으로 돌아가는 것은 한 조각 구름이 정처 없이 사라져 가는 것과 같은 것이라고 하셨습니다.

그런데 육신의 입장에서 보면, 인생이 뜬 구름 같지만 마음의 눈을 뜨고 보면 그렇지 않습니다. 참주인공은 홀로 역력히 드러나 있어 삶과 죽음에 따르지 않는 것입니다. 참 주인공은 일찍이 부모로부터 태어난 것도 아니요, 육신의 생명이 다했다고 참 생명까지 다한 것은 결코 아닙니다. 부처님께서는 바로 이러한 사실을 깨닫고, 각양각색의 방편설을 동원하며 중생들에게 삶의 참모습과 죽음의 실상을 일깨워 준 것입니다. 부처님의 깨달음의 동기가 생사 문제에 있었듯이 부처님 가르침의 내용은 생사의 실상을 밝히는 데 있습니다.

인생을 살아가면서 인간의 실상을 제대로 파악하고 살아가는 것이 중요합니다. 이것은 가르침, 사상, 믿음으로써 해결될 수 있는 것인데 부모가 자식을 인도하고 자식이 부모를 좋은 가르침으로 인도하는 것은 참으로 중요한 것이며 돌아가신 후 삶과 죽음의 실상에 입각해서 영혼을 천도해 드리는 것은 돌아가신 분들에 대한 가장 보람된 일이라고 가르치고 있습니다.

인생은 우리가 알고 있는 것처럼 취생몽사하고 있는 삶이 전부가 아닙니다. 이 몸을 끌고 다니는 참 주인공이 있습니다. 삶과 죽음을 초월하는, 나를 나이게 하는 참 생명이 있는데, 이것이 금일 영가의 진정한 참모습입니다.

본래 49재의 의미는 영가가 못 다한 복을 지어 드리고, 나아가 참으로 진정한 영가의 실상이 무엇인지 일깨워 드리고, 저승길에 풍요로운 마음의 양식을 준비해 드리는 데 있습니다. 우리들의 입장에서 보면 금일 영가를 보내는 마지막 시간이지만 영가의 입장에서 보면 비로소 새로운 인생을 시작하는 첫 문입니다.

천도재를 지내면서 영가를 보낸다고 생각할 것이 아니라 새롭게 시작하는 참 생명의 실상을 깨닫고, 격려해 드리고, 환송해 드리는 의식이 되어야 할 것입니다. 가시는 분도, 보내는 분도 미련을 가지고 애착을 나타낸다면 영가의 다음 생에 결코 좋은 보탬이 못 됩니다.

천도재를 지내면서 부처님의 거룩한 가르침의 염불을 깊이 깨닫고, 참 생명의 실상과 나의 미래에 대한 계획을 세우고, 또한 금일 영가를 인연으로 해서 온갖 외로운 영혼들을 천도시켜 함께 왕생극락할 수 있도록 정성을 드리는 데 천도재의 의미가 있는 것입니다.

··· 육신이 참 나가 아니다

천도재를 지내드릴 때 영가를 위해서 흔히 『금강경』을 독송해 드립니다. 모든 부처님과 부처님의 가르침이 바로 이 『금강경』 도리에서 나온 까닭에 그 어떤 복보다 훌륭하고 소중한 복이기 때문입니다.

사구게에 보면, "무릇 형상이 있는 것은 모두 다 허망하나니 만약 모든 형상을 형상이 아닌 것으로 보면 곧 여래를 보느니라凡所有相 皆是虛妄 若見諸相非相 卽見如來."라고 하였습니다. 우리의 오관(눈, 귀, 코, 혀, 피부)으로 판단되는 모든 것들은 허망한 것이고 텅 빈 것이고 공空이며 무無라는 것입니다. 만약 실상대로 판단하는 안목이 있다면 곧 여래를 볼 것이라고 하였습니다. 부처님은 형상도 아니고 소리도 아닙니다. 위대했던 석가세존의 생애가 여래의 참모습도 아니며 49년간 설하신 위대한 법문도 부처님의 참모습이 아니라는 것입니다.

우리는 여태껏 남녀노소, 사회적 지위, 생활수준, 교육수준 등 외적인 조건을 가지고 나의 참모습이라고 인정하면서 살아왔습니다. 그러나 이것들만을 가지고는 우리 자신의 실상을 제대로 이해하지 못합니다.

    재산을 관리할 때 모든 재산을 한 주머니 속에 다 넣는다면 그 주머니 하나를 잃어버리면 모든 재산은 끝입니다. 그러나 세상은 그렇지 않지요. 통장도 여러 개이고, 남에게 빌려주기도 하고, 형제자매끼리 나누어 갖기도 하고, 주식, 채권, 부동산 등 재산을 분산시켜 놓습니다. 설령 한 부분이 손해를 보았다고 하더라도 재산 전체에 대해서는 큰 타격을 입지 않습니다. 이렇게 분산하는 것이 세상을 살아가는 이치입니다.

    그런데 우리는 '나'라고 하는 가장 중요한 재산에 대해서는 육신이라는 그 조그마한 한 점에다 전부를 실어 놓았습니다. 육신이 소멸해버리면 모든 것이 없어지는 불행을 우리 스스로 자초하고 있는 것입니다. 그러나 참 나는 육신이 소멸할 때 하잘 것 없이 스러지듯이 그렇게 무너지는 존재가 아닙니다. 부모를 여의거나 형제자매, 친지들을 잃어버리는 것도 애석하지만 진정으로 안타까워할 것은 나 자신을 육신과 함께 잃어버리는 것입니다.

    또 『금강경』에 "만약 육신으로써 나를 보려 하거나 음성으로써 나를 찾으려 한다면 이 사람은 잘못된 길을 가는 것이다. 결코 여래는 볼 수 없으리라若以色見我 以音聲求我 是人行邪道 不能見如來."고 하였습니다.

　우리는 부처님을 생각할 때 역사적인 석가모니 부처님만을 부처라 생각합니다. 또 어떤 이들은 법당에 모셔놓은 등상불을 부처라고 생각합니다. 그런데 부처님 스스로 "그것은 나의 참 모습이 아니다."라고 하셨습니다. 그것은 부처님 자신을 바로 알아달라고 하는 말씀이 아니라 참 주인공으로서의 우리 자신, 우리의 실상을 바로 알라고 하는 깨우침의 말씀입니다.

··· **법을 보는 자는 나를 보고, 나를 보는 자는 법을 본다**
부처님 제자 중에 바카리라는 비구가 있었습니다. 그의 소원은 늙고 병들어 죽게 될 즈음 마지막으로 부처님께 예배를 드리고 죽는 것이었습니다. 그는 어느 신도님 집에서 마지막 순간을 맞게 되었는데, 그 신도님에게 부탁하였습니다.

"죄송하지만, 부디 오셔서 나의 예배를 받아 달라고 부처님께 전해 주십시오."

부처님께서 전해 듣고 그를 만나기 위해 신도님 집으로 갔습니다. 바카리는 쓰러져가는 몸을 겨우 일으키면서 마지막으로 예배를 드리려고 했습니다. 그런데 부처님께서 만류하시면서 따뜻한 말로 위로를 하십니다. 그리고는 "바카리여, 마지막으로 할 말이 있으면 하여라."라고 하니, 바카리 비구가 또다시 마지막으로 예배를 드리고 싶다고 하였습니다. 그 말에 지금까지 다정했던 부처님께서 냉정하게 꾸짖습니다.

"비구여, 너도 지금 썩어가는 몸뚱이이고, 나 또한 이렇게 육신은 늙었다. 네가 그 죽어가는 육신을 일으켜 곧 너의 뒤를 따라갈 이 육신에 예배한들 무슨 이익이 있겠는가?"

부처님께서는 다시 자애롭게 바카리에게 일러주셨습니다.

"부처라는 참 모습은 너의 육안으로 분별하는 모습이 아니다. 법을 보는 자는 나를 보고, 나를 보는 자는 법을 본다."

이 말씀은 자등명법등명自燈明法燈明과 함께 자주 인

용되는 부처님의 말씀입니다. 정녕 영원히 꺼지지 않는 불생불멸의 존재가 여래입니다. 비단 석가모니 부처님만 여래가 아니라 금일 영가의 진정한 모습도 불생불멸의 참 생명체입니다. 또한 금일 영가를 천도해 드리기 위해 모인 여러분들도 불생불멸의 참 생명체입니다. 이것은 법이고 진리이고 참 나입니다. 법을 등불로 삼고, 참 나를 등불로 삼고, 법을 안식처로 삼고, 참 나를 안식처로 삼으라고 부처님께서 당부하셨습니다. 부처님께서는 항상 법을 의지하고 참 나에 의지할지언정 다른 것에 의지하지 말라고 말씀하셨습니다.

금일 영가께서 이 몸뚱이를 끌고 다니는 주인공에 눈을 뜨셔서 이러한 지혜의 양식, 마음의 양식을 충분히 준비하십시오. 그래서 영가께서 새롭게 시작하는 삶에 커다란 힘이 되고 보탬이 된다면 오늘 마련해 드리는 이 재의식이 참으로 유익하고 보람될 것이라 믿습니다.

이 인연으로 모든 고혼들도 함께 득락하시고, 또 천도해 드리는 청법 대중들께서도 함께 진아眞我에 눈을 떠서 참다운 삶을 열어가는 시간이 되었으면 하는 바램입니다.

생사를 따르지 않는 한 물건

– 안능복 영가님의 49재 천도법문 –

••• 49재의 인연 공덕

오늘은 안능복 영가님께서 세상 인연을 다하고 일곱 번째 막재를 지내는 49재일입니다. 불교에서는 숨이 끊어져 육신의 인연이 다한다 해서 세상 인연이 다하는 것이 아니라고 합니다. 돌아가시고 나서 7일이 일곱 번 돌아오는 49일이 지나야 비로소 영가의 모든 일들이 다 정리되어 그 인연이 다한다고 보고 있습니다.

영가께서 스스로 지혜의 눈을 뜨시고, 삶과 죽음의 진정한 의미를 깨닫고 자신의 갈 길을 환하게 보시고, 가고 싶은 곳으로, 극락으로 갈 수 있는 인연을 지어 드리기 위해 자손들이 이렇게 온 정성을 다하여 일곱 번의 재를 지내는 것입니다. 오늘 49재의 주인공이신 안능복 영가께서는 참으로 복이 많으신 분입니다. 세상에 수없이 많은 사람들이 살고 있지만 49재를 통해 법문을 듣고 진리의 실상을 깨달아 좋은 곳으로 천도되는 분은 드물기 때문입니다. 요즘엔 다행히도 불교 외에 다른 종교에서도 49재의 중요성을 깨닫고 우리 불교를 따라서 49재를 지낸다고 하니 그나마 다행스럽습니다.

앞에서 말씀드렸듯이 세상에는 여러 가지 효도가 있습니다만, 가장 훌륭한 효도는 부모님께서 인생의 실상을 깨닫고, 삶과 죽음의 이치를 제대로 깨우칠 수 있도록 부처님의 가르침으로 인도해 주는 것입니다. 이것은 부모와 자식 관계뿐만 아니라 형제자매, 이웃의 관계에서도 마찬가지입니다. 불법으로 안내해드려서 그분들 스스로 이치에 눈을 뜰 수 있게 된다면 세상에서 가장 큰 공덕이 되고 가장 은혜로운 일이 되는 것입니다. 설사 돌아가신 뒤라 하더라도 삶과 죽음의 실상을 바로 깨달으신 가르침으로 그 영혼을 천도해 드릴 수 있다면 말할 수 없이 호화로운 장례식보다 훨씬 더 뛰어난 일입니다. 영가뿐만 아니라 재를 봉행하는 자손들에게도 더할 나위 없이 큰 공덕이 되는 것입니다.

우리 인간의 삶이 지수화풍 사대로 이루어진 육신의 삶뿐이라면 매장을 하든 화장을 하든 육신의 상태대로 해결해 버리면 그만일 것입니다. 하지만 부처님께서는 육신을 끌고 다니는 주인공이 있다고 하시면서, 이 육신을 끌고 다니는 주인공이 있다면 그 주인공의 원리대로 삶과 죽음의 문제를 해결하는 것이 바람직하다고 하셨습니다. 그래서 『지장경』에서는 돌아가신 분에게 꼭 49재를 지내드리도록 권하고 있습니다.

49재를 지내는 동안 주옥같은 팔만대장경의 말씀을 다 담아서 영가를 천도하였습니다. 천도재 의식문의 염불을 보면 참으로 감동적입니다. 부처님의 수많은 가르침 중에서 영가의 지혜의 눈을 열어줄 수 있는, 가장 요긴한 가르침들만을 담아서 들려드리는 것이 천도재의 염불입니다. 또한 49재에는 영가를 위해서 소의경전인 『금강경』을 독송해 드립니다.

··· 형상이 있는 것은 다 허망하다

『금강경』에 말씀하시기를,

"수보리야, 만약 어떤 선남자 선여인이 오전에 갠지스 강의 모래 수와 같이 많은 몸으로 보시하고, 낮에 또 갠지스 강의 모래 수와 같이 많은 몸으로 보시하며, 저녁에 또한 갠지스 강의 모래 수와 같이 많은 몸으로 보시해서, 이렇게 하기를 한량없는 백 천 만 억 겁 동안 몸으로 보시하더라도, 만약 다시 어떤 사람이 이 경전을 듣고 믿는 마음이 거슬리지 아니하면, 그 복은 앞의 복보다 훨씬 뛰어나느니라. 그런데 하물며 이 경전을 쓰고 출판하며, 받아 지니고 읽고 외워서, 널리 여러 사람들에게 해설하여 주는 일이겠는가?"

라고 하셨습니다. 이것은 결코 『금강경』을 공부하라고 유혹하는 말씀이 아니라 이치가 그렇게 되어 있기 때문입니다.

『금강경』의 사구게에는,

"무릇 형상이 있는 것은 모두 다 허망하나니 만약 모든 형상을 형상이 아닌 것으로 보면 곧 여래를 보느니라凡所有相 皆是虛妄 若見諸相非相 卽見如來."라는 구절이 있습니다.

금일 영가께서는 이미 이 육신을 버리셨으니 이 육신

의 허망함을 누구보다도 잘 아실 것입니다. 또 『금강경』 사구게를 한 가지 더 일러드리면, "마땅히 머무는 바 없이 그 마음을 낼지니라應無所住 而生其心."라는 구절이 있습니다. 이것은 6조 혜능 대사가 나무꾼이었을 적에 듣고 깨달음을 얻은 게송으로 유명합니다. 이와 연관된 일화를 살펴보면 다음과 같습니다.

5조 홍인 대사에게서 법통을 이어받고 6조가 된 혜능 대사는 어려서 아버지를 여의고 홀어머니를 모시고 살던 일자무식의 가난한 나무꾼이었습니다. 어느 날 나무를 산 손님이 여관으로 나무를 주문해서 나무를 옮겨주고 나오는데, 홀연히 방안에서 흘러나오던 『금강경』 읽는 소리를 들었습니다.

> 반드시 사물에 머물지 말고 마음을 낼 것이며,
> 소리와 냄새와 맛과 감촉과 그 외의 어떤 것에도
> 머물지 말고 마음을 낼지니라.
> 그래서 마땅히 머무는 바 없이
> 그 마음을 낼지니라.

不應住色生心 不應住聲香味觸法生心

應無所住 而生其心

사실 우리 마음의 본질은 어디에도 집착하지 않고, 어디에도 매이지 않고, 어디에도 걸리지 않게 되어 있습니다. 내 삶이 어떤 삶이든 간에 본래는 거기에 매여 있는 마음이 아닌 것입니다. 하지만 사람들이 거기에 매여 있기 때문에 마음의 원리를 제대로 알지 못하는 것입니다. 응무소주 이생기심, 바로 이 구절에서 일자무식의 나무꾼이었던 혜능이, 불교가 뭔지 부처님이 뭔지 전혀 모르던 사람이 이 말을 듣고는 마음이 환하게 밝아졌습니다. 그것이 명심견성明心見性입니다. 명심견성이라는 말도 모르던 사람이 마음이 밝아지고 성품을 본 체험을 한 것입니다.

마음은 본래 육신에도 물질에도 소리에도 향기에도 감촉에도 머물지 않는 것이라는 사실을 깨달은 것입니다. 그 환희심을 도저히 견딜 수가 없어서, 도대체 누가 이런 말을 하는가 알아봅니다. 이상한 형색을 한 사람이 책을 한 권 읽고 있다가 혜능이 물으니, 『금강경』 구절이라고 대답을 해줍니다. 그 길로 나무꾼이었던 혜능은 어머니를 잘 봉양해 드릴 수 있는 준비를 다 해놓고는 출가를 합니다. 혜능은 5조 스님을 찾아가서 제대로 선법을 전수 받아 육조가 됩니다.

"응무소주 이생기심應無所住 而生其心, 마땅히 머무는 바 없이 그 마음을 낼지니라."는 이 구절이 6조 스님 덕분에 『금강경』에서 가장 유명한 구절이 되어 버렸습니다. 『금강경』의 한 구절만 제대로 알아들으면 6조 스님처럼 마음의 이치를 환히 깨닫게 된다는 것입니다.

방금 읽어드린 『금강경』이 금일 영가에게 가장 큰 공덕이 되고, 이 『금강경』의 이치를 우리가 만 분의 일이라도 깨우치게 된다면 오늘 천도재를 지내드리는 큰 보람이 될 것입니다.

> 태어남은 어디서 오며
> 죽음은 어디로 가는가.
> 태어남은 한 조각 구름이 일어남이요
> 죽음은 한 조각 구름이 사라지는 것인데
> 여기 한 물건이 항상 홀로 있어
> 담연히 생사를 따르지 않는다네.

生從何處來 死向何處去
生也一片浮雲起
死也一片浮雲滅
獨有一物常獨露
湛然不隨於生死

천도재 의식에는 위와 같은 염불도 있습니다. 보고 듣고 감지하는 이 능력, 이 주인공이 있기에 우리는 인연 따라서 죽기도 하고 살기도 하고 다시 또 태어나기도 합니다. 그러나 우리가 이렇게 말하고 듣는 이 참 주인공은 성장하고 늙어가고 죽어가는 형상의 변모와 하등의 관계없이 존재합니다. 형상 있는 것은 모두 허망합니다. 형상 너머의 진실한 모습을 이해한다면 그 때는 부처님을 제대로 볼 수 있습니다.

금일 영가께서는 이제 더 이상 이 세상에 미련을 두지 마십시오. 세상에 두고 온 인연을 생각할 겨를도 없습니다. 부디 영가께서는 존재의 실상, 참 생명의 실상에 대해서 깊이 깨달으시고 지혜의 눈을 뜨셔야 합니다. 부처님과 인연하여 이 이치에 눈을 뜨시고 생명의 참다운 실상을 이해하신다면 이 세상 그 어떤 인연보다도 값진 인연, 소중한 인연이 될 것입니다. 그렇게 해야만 오늘 천도재를 제대로 지내드리는 것이 됩니다.

이제 남은 염불로 영가님의 지혜의 눈이 열리시기를 바랍니다. 영가께서는 이 육신의 한계에서 벗어나는 진정 활발발한 참 생명으로서의 삶이 있다고 하는 것에 눈을 돌리시고, 이해와 통찰이 깊어지셨을 것입니다.

아버님은 이렇게 잘 가셨으니, 유족들은 부디 아버님께 못 다한 효도를 남아계시는 어머님께 더욱 더 많이 하셔서 이웃사람들의 모범이 되고, 또 많은 사람들에게서 찬사를 받는 자식이 되어 어머님께 효를 다하시기를 당부합니다.

금일 영가의 진정한 왕생극락을 비옵니다.

나무 서방 대교주
나무 아미타불 나무 아미타불 나무 아미타불

세세생생의 재산

– 조점례 영가님의 49재 천도법문 –

••• 부처님과의 깊은 인연

오늘 조점례 영가님의 49재 천도재일입니다. 조점례 영가님께서는 올해 세수가 86세이십니다. 오래 사셨다면 오래 사셨다고 할 수도 있습니다만, 자식의 마음의 입장에서는 부모가 아무리 오래 사신들 부족한 생각이 들고, 보내드리는 마음은 여전히 안타까울 것입니다.

다행히 금일 조점례 영가님께서는 부처님과 깊은 인연

이 있으십니다. 이렇게 성스러운 도량, 범어사에서 여러 친지들이 모여 부처님께 기도 올리고 불공을 드리고 스님들의 독경으로 49재를 봉행하게 되었으니 참으로 복이 많으신 분입니다. 사실 49재에 가서 법문을 여러 번 하였지만, 천도해 드리는 저희들도 마음이 안타까울 만큼 외로운 49재를 보는 경우가 적지 않습니다.

그런데 금일 영가께서는 다복한 가정을 일구시어 상주분들도 많고, 도반님들께서도 많이 동참을 하셨고, 무엇보다 선방과 강원에서 수행하시는 스님들께서 동참하시어 영가의 극락왕생을 지극한 마음으로 기원해 주고 계시니 가시는 길에 더욱 큰 힘이 될 것입니다. 평소에 영가께서 얼마나 큰 복덕을 지으셨는지 알 수 있을 것 같습니다.

세상에 오셨다가 가시는 이 길에 유족으로서, 천도재를 진행하는 사람으로서 어떻게 하면 가장 큰 복이 되고 덕이 되는 천도재를 올려드릴 수 있을까를 생각해 봅니다.

음식을 풍성하게 차리고, 오신 분들에게 경제적으로 도움이 되게 한다거나 큰 선물을 준다고 해서 좋은 천도재라고 하지는 않습니다. 스님들이 정성스럽게 염불해 드리고 경을 읽어드리고, 더욱이 유족이 독경을 열심히 해드리면 그것이 제일 좋은 천도재입니다.

방금 저희들이 『금강경』을 읽었습니다만, 『금강경』에는 지구를 가득 채우는 금은보화를 다른 사람들에게 보시를 했다손 치더라도 이 『금강경』 한 구절 읽어드리는 공덕만 같지 못하다는 내용이 나옵니다. 인간으로서 가장 소중한 것이 이 육신의 목숨인데, 목숨을 바쳐서 보시하는 것보다 사실은 이 『금강경』 한 구절을 잘 읽어드리는 공덕이 더 값지다는 내용입니다.

부처님께서는 또 "여래는 참다운 말만 하는 사람眞語者이며, 사실만을 말하는 사람實語者이며, 진리의 말만 하는 사람如語者이며, 거짓말은 하지 않는 사람不誑語者이며, 사실과 다른 말은 하지 않는 사람不異語者이다."라고 하셨습니다.

깨달은 분의 지혜의 눈으로 볼 때, 이 진리의 가르침이라고 하는 것은 한 번 잠깐 왔다가 가버리고 마는 이 육신의 생명 가치보다 더 높고 소중한 것이라고 누누이 가르치신 것입니다. 그래서 사찰에서는 마지막 가시는 분에게 할 수 있는 최선의 선물, 최선의 예물인 염불을 해드리고 『금강경』

을 독송해 드립니다.

이것이 영가께서 가시는 저승의 어두운 길을 밝히는 참으로 밝고 밝은 등불이 되기 때문입니다. 그래서 오늘도 스님들과 함께 『금강경』을 독송해 드렸고, 법사 또한 『금강경』의 한 구절을 해설해 드립니다. 영가가 가는 유명幽冥의 길을 아주 밝고 밝은 지혜의 등불로 밝혀드립니다.

지금 영가께서 가시는 길은 결코 외로운 길이 아니고 어두운 길이 아닙니다. 오히려 다음 생을 맞이하는 당당하고 자유로운 길이며 가치 있는 길입니다. 영가께서 이 점을 깨달으신다면 오늘 천도재가 더욱 의미 있는 재가 됩니다.

··· 새 옷으로 갈아입듯이

금일 조점례 영가시여,

"처처불상處處佛像이요, 사사불공事事佛供이라", 곳곳이 다 부처님의 모습이고 하는 일마다 모두가 부처님께 공양 올리는 불공이라고 합니다. 이러한 지혜로 이러한 도리에 눈을 뜨기만 하면 어디 간들 부처님이 없으며, 또한 어디 가서 무엇을 한들 불공이 아니겠습니까? 부처님 앞에서 불공 올리는 것이 인간이 할 수 있는 일 중에 가장 숭고하고 가치 있는 일이라고 할진댄 가는 곳마다 부처님이요, 하는 일마다 불공이라는 사실을 아신다면 더 이상 바랄 게 무엇이 있겠습니까?

부처님께서는 호화로운 태자의 지위를 버리시고 6년이라고 하는 피나는 고행을 하시고, 납월 8일 새벽에 떠오르는 별을 보고 크게 깨달음을 이루셨습니다. 그 깨달음의 내용이 바로 삶과 죽음의 실상입니다. 부처님께서 깨달으신 결과, 말하고 듣고 내 육신을 운용하는 진정한 주인공이 있어서 이것은 가고 오고에 아무 관계가 없고, 죽고 다시 또 태어나는데도 아무런 장애를 받지 않는다고 하셨습니다.

태어남은 어디서 오며
죽음은 어디로 가는가.
태어남은 한 조각 구름이 일어남이요
죽음은 한 조각 구름이 사라지는 것인데

여기 한 물건이 항상 홀로 있어

담연히 생사를 따르지 않는다네.

生從何處來

死向何處去

生也一片浮雲起

死也一片浮雲滅

獨有一物常獨露

湛然不隨於生死

라는 천도재 의식문 중의 내용이 있습니다.

   저 또한 지금 말을 하고 있고 여러분은 듣고 있지만, 지수화풍 4대로 이루어진 육신이 말을 하는 것이 아닙니다. 여러분들 또한 육신을 빌어서 들을 뿐 4대 육신이 결코 말을 듣는 것이 아닙니다. 텅 빈 허공이 말을 하고 말을 듣는가 하면, 허공이 말을 하고 말을 듣는 것이 아닙니다. 분명히 홀로 이 우주를 가득 채우고 남는 그러면서도 형상이 없는 진정한 참 생명이 있어 그것이 말을 할 줄 알고 말을 듣는 것입니다. "한 물건이 항상 홀로 있어 담연히 생사를 따르지 않네."

라고 한 것처럼 그것은 결코 없어지는 것도 아니고 사라져 버리는 것도 아니고 새롭게 생기는 것도 아닙니다.

생사가 엄연히 있는데, 무슨 뜬구름 잡는 이야기인가 싶겠지만, 매일 밤 잠들고 눈뜨는 것을 생각해 보면 이해가 될 것입니다. 매일 밤 우리가 잠을 잘 때, 이 육신은 잠이 들어서 아무것도 느끼지 못하지만, 참 주인공은 자기 할 일을 다 합니다. 제8아뢰야식에 가만히 웅크려 있든지 아니면 돌아다니면서 꿈속에서 친구도 만나고, 낮에 하던 일도 하고, 미래도 설계하고, 잠들기 전과 똑같이 작용합니다. 육신이 참 나라면 나는 가만히 누워서 깊이 잠들어 아무것도 모르는데 도대체 무엇이 있어 그런 작용을 하겠습니까? 현실에 찌들려 지극히 취생몽사하는 어리석은 사람이 아니라면 이러한 이치는 미루어서 곰곰이 생각해 보면 다 짐작할 수가 있습니다.

참으로 나의 주인공은 이 육신이 아닙니다. 육신을 운용하는 운전수가 있습니다. 마치 차는 반드시 운전수가 있어야 움직이듯이 이 육신은 그런 차에 불과합니다. 가고 오고 서고 앉고 화내고 울고 미워하고 사랑하고 그 모든 일은 주인공이 하자고 하는 대로 하는 것입니다. 부처님께서는 그 점을 깨달으시고 삶과 죽음으로부터 초탈하는 근거가 그 '한 물건 참 생명'이라고 경전마다 일일이 일깨워 주셨습니다. 참으로 이 존재, 모든 현상에 대해서 확철히 깨달으신 부처님의 눈으로 볼 때 우리가 보는 것과는 전혀 다른 진실한 세상이 열리는 것입니다. 비전문가의 눈으로는 모조품 도자기를 고려청자인 양 아주 값진 보물로 여기지만, 전문가의 안목으로 보면 그것은 기껏해야 몇 천 원짜리 모조품에 불과하다는 것이 확연히 드러납니다. 이와 마찬가지로 스스로 안목이 열리지 않았으면, 모든 삶과 죽음의 문제에 전문가의 안목, 곧 깨달음의 눈을 가지신 부처님의 말씀을 믿고 따라야 합니다.

금일 영가께서도 이 '참 생명'에 눈을 뜨셔야 합니다. 또 오늘 천도재의 인연을 통해서 이 자리에 계신 모든 분들이 함께 이러한 이치를 알고, 지혜의 눈을 뜬다면 이보다 더 좋은 천도재가 없을 것입니다.

그것을 더욱더 분명하게 하기 위해서 『금강경』에서는 "무릇 형상이 있는 것은 모두 다 허망하다凡所有相 皆是虛

훗."고 하였습니다. 우리가 참 생명의 존재에 눈이 어둡고 인식하지 못하는 것은 우리의 생활 습관이 모두가 귀에 들리고 눈에 보이는 형상 있는 것만을 기준으로 삼기 때문에 그런 것입니다. 눈에 보이는 모든 형상은 허망한 것인데 허망한 것인 줄 모르고 끄달리고 속고 그것에 도취해서 살다 보니 참 생명을 모르는 것입니다. 그래서 부처님께서는 모든 형상을 형상 아닌 줄 알아서 형상을 초월하면 곧 여래를 보리라고 하셨습니다.

여래를 본다는 것은 참 생명을 보는 것이요, 진리를 보는 것이요, 비로소 부처님을 보는 것입니다. 형상으로 모셔 놓은 것은 하나의 방편일 뿐 부처님은 형상이 아닙니다. 우리의 멀쩡한 4대 육신도 '참 나'가 아니고 가짜입니다. 참 나는 형상을 빌어서 나의 행세를 하는 것입니다.

임제 선사께서는 "수처작주 입처개진隨處作主 立處皆眞"을 강조하셨습니다. "주인공으로 살라. 그러면 내가 서 있는 그 곳이 진정 행복이다."라는 말씀이지요. 주인공에 대한 깊은 이해만 있다면 이 말이 곧 실현될 수 있습니다. 저승에 가든지 이승에 있든지 일터에 있든지 법당에 있든지 어떤 상황에 처하든지 상관이 없습니다. 아무리 법당에서 경전을 읽는다 해도 눈에 보이고 귀에 들리는 것에 팔려 버린다면 주인 행세를 못하는 것입니다. 그것은 이미 내가 아닙니다.

이 몸을 버리고 다음 생을 맞이하려는 금일 영가께서도 어느 곳에 가든지 주인공을 놓치지 마십시오. 그런 사람에게는 이미 지옥도 극락도 없습니다. 경계에 끄달렸을 때 지옥이 있고 극락이 있는 것이지 경계에 끄달리지 않고 참으로 주인공으로 사는 삶이라면 어디에 있든지 간에 아무 관계가 없이 바로 진정한 행복의 길이 그 자리에 있는 것입니다.

우리는 하루에도 몇 번씩 옷을 갈아입습니다. 상황에 따라서, 경우에 따라서 입어야 할 옷이 있기 때문입니다. 마찬가지로 육신이라는 이 옷도 상황에 따라서 경우에 따라서 어떤 사람들은 일찍이 갈아입는 사람도 있고, 금일 영가처럼 팔십 세를 훨씬 넘겨서 옷을 갈아입는 사람도 있습니다. 하지만 일찍 갈아입든 늦게 갈아입든 영원한 참 생명의 입장에서 본다면 한 순간입니다. 허공에 흘러가는 구름 같은 이 육신의 삶은 단지 갈아입을 옷일 뿐입니다. 이 점을 이해하게 되면 죽음에 대한 두려움에서 벗어날 수 있을 것입니다. 그래서 이러한 이치를 가르치는 『금강경』의 가르침이 육신의 생명보다도 가치 있다고 하는 것입니다. 방금 『금강경』에서 수보리라는 부처님의 제자가 그 이야기를 듣고는 감동하고, 마음에 크게 계합하는 바가 있어서 소리 내어 엉엉 울었다는 구절을 읽었습니다. 경전에는 '체루비읍涕淚悲泣:눈물을 흘리면서 펑펑 울었다'이라고 표현되어 있지요.

인생을 살아가면서 우리는 '이것이 소중하고 이것이 값지다'라고 나름대로 전부 가치를 매겨놓고 살아갑니다. 그런데 그것은 단지 내가 설정해 놓은 가치일 뿐입니다. 보다 더 높은 안목, 깨어있는 사람의 눈, 성인의 눈으로 인생의 진정한 가치를 생각해 볼 때 과연 무엇이 가치 있는 것인가, 그 가치는 참으로 영원한 것인가, 세세생생 나의 재산이 되는가를 오늘과 같은 좋은 계기를 통해서 한 번 점검해 보고 깊이 생각해 봐야 합니다.

••• 오직 업만 따라갈 뿐이다

보통사람들의 일생을 한번 생각해 보십시오. 빈손으로 태어나 빈손으로 가는 인생이건만 살아가는 동안엔 무언가를 잡고 끌어들이고 모으기 위해 바쁩니다. 평생 탐욕과 성냄과 어리석음에 마음과 몸이 꽉 묶여 있는 분들이 얼마나 많습니까? 부처님께서 진정한 재산은 다음 생까지 가져갈 수 있는 것이라 하셨습니다. 다음 생까지 가져갈 수 있는 재산은 우리가 지은 업뿐입니다. 좋은 업이든 나쁜 업이든 다음 생까지 가져가는 것은 업이고 그것만이 나의 재산입니다. 돈을 많이 벌었든 높은 지위를 가졌든 아무리 가족이 많고 친지도반이 많아도 그것은 하나도 가져가지 못합니다.

> 올 때 한 물건도 가져오지 않았고
> 갈 때 또한 빈손으로 간다.
> 아무리 많아도 아무 것도 가져가지 못하고
> 오직 지은 업만 따라갈 뿐이다.
> 來無一物來 去亦空手去 萬般將不去 唯有業隨身
> - 초발심 자경문 -

유유업수신唯有業隨身이라, 오직 업만 있어서 따라갈 뿐입니다. 세상 사람들이 각각 다른 모습, 다른 성격, 다른 환경에서 태어나는 것은 각각 지은 인연과 지은 업 때문입니다. 한 집안에 한 형제로 태어나도 일생을 살아가는 모습이 전혀 다릅니다. 병이 있거나 건강하게 태어나는 것조차 다릅니다. 이것은 개개인이 지은 업이 달라서 그렇습니다.

업에는 공업共業과 불공업不共業이 있습니다. 예를 들어 우리가 같은 대한민국 부산에 태어난 것은 공업이고, 집집마다 다른 집에 태어나는 것은 불공업입니다. 같은 집안에 태어난 것은 공업이고 각기 다른 조건으로 태어나는 것은 불공업입니다.

이와 같이, 부처님께서는 우리들의 삶과 죽음과 인생의 그 깊고 깊은 면까지도 철저히 파헤쳐서 우리에게 일러주셨습니다. 부처님의 가르침에 의거해 과연 우리가 진정 다음 생까지 또 다음 생까지 세세생생 가져가서 사용할 수 있는 재산이 과연 무엇일까를 점검해 보아야 합니다. 거기서 나아가 우리가 마음을 좀 달리 가질 수 있다면, 금일 영가와의 인연공덕으로 새로운 가치관으로 새로운 인생을 살게 되는 것입니다. 가치관의 전환이야말로 가장 큰 공덕이고 금일 영가에게 큰 복이 됩니다.

그럼 우리는 죽을 때 무엇을 가져가야 할까요? 이왕이면 나쁜 업을 재산으로 가져갈 것이 아니라 좋은 업을 재산으로 가져가야 합니다. 부처님 만난 인연으로 이생에 다음 생을 아주 훌륭하게 살 수 있는 준비를 하셔야 하는 것입니다. 금일 영가께서는 부디 이러한 이치에 눈을 뜨시고 왕생극락 하시기를 바랍니다.

꿈과 같은 인생, 지혜의 눈을 뜨라

••• 시공을 초월한 공덕

여러분들은 이미 선망 부모님들을 위해서 천도를 하셨고, 기회가 있을 때마다 여러 차례 천도재를 지내셨을 것입니다. 오늘 정초를 맞이하여 이렇게 또 천도재를 지내는 것은 여러분의 마음에 간직하고 있는 효심, 조상을 위하는 정성스런 마음 덕분이라고 할 수 있습니다. 부모를 위해서, 조상을 위해서 좋은 마음을 내는 그 순간부터 좋은 일이 생깁니다. 천도재 날이 될 때까지 항상 기도하고, 당일날 지극한 마음으로 재를 올리면 그 공덕은 훨씬 더 커질 것입니다. 오늘은 특정 영가를 위한 49재가 아니기 때문에 법문을 하여도 마음이 편하고 부담이 적습니다. 바로 얼마 전에 부모, 혹은 자녀, 친지를 잃은 슬픔에 빠진 분들이 아니기 때문에 법문을 해드리는 제 마음도 훨씬 가벼운 것입니다.

부처님의 가르침에 의하면, 사람은 특별한 경우가 아니고는 돌아가신 지 49일이면 다 천도가 된다고 하셨습니다. 49일 만에 자기가 지은 업 따라, 인연 따라 새로운 생을 받아 난다고 하셨지요. 그런데 우리는 기회를 자꾸 만들어서 천도재를 올리면서 함께 염불하고 독경하고 법문을 듣습니다. '돌아가신 분들이 이미 다 제 갈 길로 갔는데, 무슨 천도를 한다는 말인가? 어디에 가서 이 공덕이 닿겠는가?' 하는 것이 궁금하실 수도 있습니다. 의심을 확 풀어야 더욱 확고한 신심으로 천도재를 지낼 수 있을 터이니 간략하게나마 말씀드리겠습니다.

불교에서는 삼생[前生, 今生, 來生]을 말합니다. 이생에 오기 전의 생이 있었고, 다음 생이 있다고 합니다. 그런데 알고 보면 항상 금생입니다. 이미 우리는 전생에 죽어서 이생에 왔습니다. 내생도 마찬가지입니다. 그래서 어떤 경우에는 자신의 재를 자신이 지내는 경우도 있습니다. 그렇기 때문에 천도재의 영향력은 이미 태어나서 무엇을 하든 받는 사람이 하는 일에 영향을 줍니다. 갓 태어났건, 이미 태어난 지 몇 십 년이 흘러 성장해서 사업을 하든 무엇을 하든 간에 후손들이 끊임없이 기회가 있을 때마다 지내주면 그 사람이 잘 됩니다. 그 좋은 인연이 시공을 초월하여 재를 지내드리는 분에게 옵니다. 그래서 재를 지내는 본인이 받는 복덕이 더 많다는 것입니다. 재의 인연공덕의 이치가 그렇습니다.

사람들은 대부분 눈에 보이고 귀에 들리는 것만이 우리가 사는 세상의 전부라고 생각합니다. 하지만 삶과 죽음의 실상을 꿰뚫어서 보고 있는 깨달은 분들의 안목으로 보면, 보이는 것과 들리는 것만이 세계의 전부가 아닙니다. 우리가 볼 수 있고 들을 수 있고 우리의 상식으로 감지되는 세계보다도 열 배 백 배 더 많은 세계가 있습니다. 예를 들어서 우리 불자님들의 신행생활에 있어서도 익숙한 사람들의 눈에는 초보자들의 어설픈 모습이 다 보이는데 초보자인 본인의 눈에는 그것이 다 보이지 않는 것과 같은 이치입니다. 그렇듯 존재의 실상에 대해서 확연히 꿰뚫어본 분들에게는 모든 것이 환하게 보입니다.

우리는 눈앞에 보이는 것만 계산하지만 정말 제대로 깨달은 사람의 눈에는 보이지 않는 어떤 힘의 작용이 훨씬 크게 보입니다. '빙산의 일각'이라는 말을 잘 알고 계실 것입니다. 눈에 보이는 빙산, 바다에 떠서 흘러가는 얼음 조각은 빙산의 아주 작은 일부일 뿐입니다. 보이는 것만 가지고 빙산의 전부라고 생각하고 바로 그 옆으로 항해하다가는 파손되기 일쑤입니다. 물 밑에 가라앉아 있는 빙산이 보이는 것보다 수십 수백 배 더 크다는 것은 알면서도 그와 같은 이치를 잘 모릅니다. 우리가 알고 있는 내 삶의 겉모습은 사실 빙산의 일각에 불과한 것입니다. 눈에 보이지 않고 귀에 들리지 않으면서 내 삶을 주도해 가는 크고 보이지 않는 힘이 어마어마하게 존재하는 것입니다. 이것을 우리가 알아야 합니다. 스스로 체험하지 못해 모른다면 깨달은 분들의 말씀을 통해서라도 느끼고 짐작해야 합니다.

어쨌든 이런 저런 인연으로 계속 재를 올려드리는 작은 힘들이 모여서 이미 천도되고 다시 태어난 지 오래된 사람들에게도 큰 힘이 되어 줍니다. 그렇게 자꾸 힘을 보태면 크게 애를 쓰지 않았는데도 그 사람의 일이 잘 풀립니다. 공부도 그렇고, 사업도 그렇고, 집안일도 그렇고, 일체가 순조롭게 잘 풀리는 사람이 있습니다. 반대로 온갖 수행을 다하고 나름대로 복을 짓는다고 열심히 짓는데도 사는 게 도대체 힘만 들고 뭘 해도 안 되는 분이 있습니다. 누가 밀어주는 사람이 없어서 그런 것입니다. 보이지 않는 손, 보이지 않는 힘의 부축을 받아야 잘 될 텐데 부축을 못 받기 때문에 잘 안 되는 겁니다.

우리가 재齋를 지내주는 것이 단순히 살아있는 후손들의 마음의 위안만을 위한 것이 아닙니다. 『지장경』에 보면, 재를 지내는데 그 공덕을 칠분으로 나누어서 육분은 재를 지내주는 사람에게 공덕이 돌아가고 일분이 돌아가신 분에게 돌아간다고 합니다. 단 일분이라 하더라도 우리가 여러 번 재를 지내주면 지내줄수록 이미 돌아가신 지 오래 되어 당신의 인생을 새롭게 살아가는 그분의 삶에 암암리에 큰 보탬이 된다는 사실을 알아야 합니다. 정말 가난해서 돈이 없어서 49재를 못 지내드린다는 분들도 있습니다. 그럼 마음으로라도 지극하게 기도를 해드리십시오. 그리고 이렇게 오늘처럼 여러 분들이 함께 지내드리는 천도재라도 꼭 동참하시면 좋습니다.

••• 우리는 모두 꿈속의 나그네

『금강경』에 보면, "수보리야, 요점만 들어서 말할 것 같으면 이 경은 불가사의하고, 가히 일컬을 수 없을 정도로 끝없는 공덕이 있다. 그래서 이 경은 아무에게나 설해 줄 수 있는 것이 아니다. 큰마음을 발하는 사람을 위해서 설해주는 것이고, 최상의 법을 깨닫기 위해서 마음을 낸 사람을 위해서 설해주는 것이다."라고 하십니다. 다시 말해서 『금강경』의 온갖 공덕을 다 이야기한 끝에 요점만 들어서 한마디로 정리하자면 그와 같다고 하셨습니다.

『금강경』의 요지는 사구게四句偈로써 대변할 수 있습니다.

"무릇 형상이 있는 것은 모두 다 허망하나니, 만약 모든 형상을 형상이 아닌 것으로 보면 곧 여래를 보느니라凡所有相 皆是虛妄 若見諸相非相 卽見如來."라는 게송을 이제 다 외우셨을 것입니다. 제가 법문 때마다 이 『금강경』 사구게를 인용하는 것은 그만큼 중요하기 때문입니다. 이 게송은 뼛속에 사무칠 정도가 되어 확실히 그 뜻을 알아야 하기 때문에 거듭 말씀드리고 있습니다. 그 이치를 알 때까지 계속 반복해야 하는 것입니다.

무릇 형상이 있는 것은 모두 다 허망하다고 하였습니다. 여기에서 허망하다는 것은 세월이 오래 가서 파괴되고 무너지고, 인간이 태어나 늙고 병들고 죽기 때문에 허망하다는 것이 아닙니다. 눈에 보이는 모든 것이 그 자체로 허망하다는 것입니다. 현재 건강하고 펄펄 살아있고, 모든 것이 안전해서 아무 문제도 없는 이 상태 그대로 허망하다는 것입니다. 불교를 잘못 설명하는 사람들은 세월이 가니까 늙고 병들고 이 산천도 다 허물어져서 무상하고 허망하다고 자기 깜냥대로 설명을 하는 경우가 있는데 그렇지 않습니다. 분명히 꿈속에서 봤는데 꿈을 깨고 나니까 흔적도 없이 사라지는 그런 허망입니다. 꿈속에 비친 모든 형상은 사라지는 데 시간이 걸리지도 않습니다. 그냥 순식간입니다.

"만약 모든 형상을 형상이 아닌 것으로 보면 곧 여래를 보느니라若見諸相非相 卽見如來."라고 하셨습니다. 모든 것은 그렇게 꿈처럼 허망하니 눈에 비치는 이 모든 것들을 실재하지 않는 꿈으로 보라는 것입니다. 우리가 처해 있는 이 세상을 눈뜨면 사라지는 꿈처럼 보았을 때 진짜 부처님 참생명을 보는 것입니다. 비로소 나의 진실 생명, 존재의 실상을 이해하는 것입니다. 자기가 부처의 견해를 가졌을 때 부처를 알 수 있고 부처를 봅니다. '여래를 본다'고 하는 것은 그만큼 부처님과 견해가 같아졌다는 뜻입니다. 우리가 지금 현실에서 꿈을 꾸고 있는데 이 꿈을 깨고 나면 부처입니다.

그런데 꿈을 깬다고 해도 지금 이 자리입니다. 이불 속에 가만히 누워 있다가 그대로 깨는 것입니다. 손도 까딱 안하면서 자던 잠을 그저 깨는 것일뿐 아무 흔적도 없고 아무 동작도 없습니다. 그와 같이 우리가 이 현실에서 그대로 살면서도 현실의 꿈을 깰 때 세상은 달리 보일 것입니다. 『능엄경』에도 "공부가 깊어 그 청정함이 지극하면 세상사가 모두 꿈속의 일과 같이 보인다淨極光通達 猶如夢中事."고 하였습니다. 그것을 알고 살 때 구름에 달 가듯이 수련수런 아무 것도 걸리지 않고 살 수가 있습니다. 애착도 집착도 없이 그러면서도 열심히 사는 것이야말로 가장 바람직한 삶입니다.

    주인은 나그네에게 꿈 이야기를 하고
    나그네는 주인에게 꿈 이야기를 한다.
    지금 꿈 이야기를 하고 있는 두 사람
    역시 꿈속의 사람들이네.
    主人夢說客 客夢說主人
    今說二夢客 亦是夢中人

위의 서산 스님의 말씀도 역시 우리가 꿈속의 나그네임을 일깨워주고 계십니다. 이렇듯 경전이나 조사스님의 어록을 보면 '인생이 꿈이다'라는 이야기가 아주 많이 나옵니다. 깨달은 분들은 역력히 그렇게 보고 느끼고 체험하셨기 때문에 그런 이야기를 하지 않을 수가 없는 것입니다.

    『금강경』에도 "모든 작위作爲가 있는 것은 마치 꿈같고 환영 같고 물거품 같고 그림자 같고 이슬 같고 번개 같으니,

반드시 이와 같이 관찰하도록 하라一切有爲法 如夢幻泡影."
고 하였습니다. 우리가 살아가고 있는 이 세상, 이 현실이라고 하는 것은 전부 조작이 있는 유위법이며, 일체 유위법은 꿈, 환영, 물거품, 그림자, 이슬, 번개와 같이 허망한 것이라고 비유하여 들려주고 계십니다.

『금강경』이 짧다면 짧고 길다면 긴 경전인데, 그 내용은 전부 이 세상을 보는 눈 하나를 다시 뜨라는 내용입니다. 새로운 눈을 뜨고 세상을 보면 이제까지 알고 있던 세상이 아니라 모든 이치가 눈에 환히 보이는 아주 가볍고 편안한 삶을 살 수가 있다는 것입니다. 우리가 부처님, 부처님 하지만 진정한 부처님을 보려면 그 상에 속지 말고, 끄달리고 집착하고 씨름하지 말고, 거기에서 한 눈 딱 떼라는 것입니다. 그렇게 되면 곧 여래를 보게 될 것이라고 합니다. 우리가 가장 의지해야 될 경전인『금강경』에 분명히 그렇게 나와 있습니다. 형상이 있는 이 현실을 꿈꾸듯이 만나고 있다고 하는 사실을 알 때 비로소 부처님을 본다고 했습니다.

금일 이렇게 천도를 지내는 재자齋者들이나 스님들, 천도를 받는 영가님들은 부처님의 가르침을 귀담아 들으시기 바랍니다. 부처님의 이 한 마디에 눈을 뜨게 되고, 마음의 눈을 밝히게 된다면 참으로 의미 있는 천도재가 될 것입니다.

새를 잡는데 큰 그물을 쳐놓았다고 해서 그물눈마다 다 새가 가서 걸리는 것이 아닙니다. 딱 하나의 그물눈에 걸립니다. 그렇다고 다른 그물은 다 필요 없고 그 그물눈 하나만 들고 다닌다고 하면 거기에 새가 걸릴 수가 없습니다. 그래서 그 많은 그물눈이 필요한 것입니다.

마찬가지로 부처님께서는 기도, 간경, 참선, 천도 등 별별 근기에 따라서 제도하기 위하여 팔만사천 방편을 펼쳐 놓았습니다. 그 수많은 방편 중에 한 마디 말씀에서 지혜의 눈이 열리면 되는 것입니다. 참으로 오늘 이 천도법회에서 재자齋者나 스님들이나 영가들이나 진정 지혜의 눈을 떠서 이 삶과 죽음의 실상을 보게 될 것입니다. 어디엔가 한 번은 가슴에 와 닿는 계기가 될 줄 믿습니다. 부디 이 인연으로 인연 있는 모든 영가와 유주무주 고혼 영가들께서 왕생극락하시고, 이 자리에 계신 분들 모두 참 주인공으로 행복하고 당당하게 살아가시기를 바랍니다.

캄캄할 것도 없고 우왕좌왕할 것도 없다

- 성태동 영가의 49재 천도법문 -

··· 저승길 노잣돈

생종하처래生從何處來 사향하처거死向何處去라, 우리 인생이란 태어날 때 도대체 어디서 왔는가? 또 이 인생이 간다고 하는데 또 어디로 가는가?

생야일편부운기生也一片浮雲起 사야일편부운멸死也一片浮雲滅이라, 태어난다고 하는 것은 저 드넓은 하늘에 한 조각 구름이 일어나는 것과 같고, 죽음이라 하는 것은 그 일어났던 구름이 정처 없이 어디론가 사라져가는 것과 같다고 하였습니다.

오늘 창녕후인 성태동 영가님의 49재일입니다. 가족을 위시해서 여러 인연 있는 분들께서 이 자리에 참석하여 영가를 위해 지극정성으로 기도하고 계십니다. 여러분들 모두 큰 복덕을 짓고 계신 것입니다.

49재 의식문에도 있듯이 사람의 삶이라고 하는 것은 저 창공을 떠도는 한 조각 구름과 같습니다. 저 구름처럼 인연이 되면 이 몸을 받고, 또 인연이 흩어지면 이 몸을 버립니다. 하지만 그런 가운데 우리 삶을 이끌어가고 또 지탱해 주는 참 생명이 있습니다. 나의 참 주인공이 있어서 가고 오고 태어나고 죽고 하는 것입니다. 사실은 그것을 주재하면서도 그것과 관계없이 존재하는 것이 참 생명입니다. 우리의 육신의 차원이 아닌, 다른 차원에서 볼 때 우리들의 진정한 삶이다 하는 것입니다.

독유일물상독로獨有一物常獨露하여 담연불수어생사湛然不隨於生死라, 우리의 육신을 주관하는 한 물건이 홀로 드러나 있어서 생生과 사死, 가고 오고 하는 데 관계없이 존재하는 것입니다. 인연이 닿으면 새로운 부모를 만나서 이 세상에 태어나고, 인연이 끝나면 이 몸을 하직하고 다음 생을 맞이하는 것입니다. 이것이 바로 삶과 죽음을 꿰뚫어보신 부처님께서 우리에게 가르쳐주신 내용입니다.

그래서 불교에서는 재를 지내드리면서 돌아가신 분에게 할 수 있는 가장 지극한 정성, 가장 지극한 효성을 표현하는 것입니다. 많은 인연들을 초청하여 이생에 못다 한 정성, 마지막으로 지극 정성을 다해 49재를 지내드리고 천도재를 지내드리는 것입니다. 앞에서도 말씀드렸듯이 경전에서는 가신 분에게도 크게 위로가 되고, 남아있는 유족들에게도 더할 수 없는 복이 되므로 지극한 마음을 모아 재를 지내라고 누누이 말씀하고 계십니다.

그러나 이 영혼은 결코 먼 곳으로 가버리는 것이 아닙니다. 다시 또 새로운 몸을 받아서 우리와 가까운 곳에서 인연이 될 것입니다. 알지 못하는 영가의 일에 우리가 관여할 수 있는 일은 아무 것도 없어 보입니다. 하지만, 삶과 죽음에 대한 진실한 뜻만큼은 49재를 지내드리는 동안 일깨워 줄 수가 있습니다.

부처님께서 말씀하시기를, 삶과 죽음의 실상과 모든 존재의 참 이치에 대해 영가에게 들려드리고 이해시켜 드려서 영가가 지혜의 눈을 뜨면 다음 생에 큰 도움이 되고 큰 양식이 되며 빛이 된다고 하셨습니다. 천도재는 흔히 말하듯 '저승의 노잣돈' '저승의 차비'를 쥐어드리는 일입니다.

••• 불자는 저승길이 두렵지 않다

돌아가신 뒤 맨 먼저 맞이하는 길을 명로冥路라고 해서 어두움의 길이라고 표현합니다. 영혼이 어둠의 세계를 헤맨다는 뜻이 아니고 삶과 죽음에 대한 이치를 몰라 확신이 없기 때문에 어찌할 바를 모르는 마음상태를 말하는 것입니다. 평소에 삶과 죽음의 이치에 대한 부처님의 가르침을 공부하고, 생각을 많이 하고, 스스로 거기에 대해 깨달은 바가 있다면 죽음을 맞이해서도 전혀 동요가 없을 것입니다. 캄캄할 까닭이 없고 우왕좌왕할 까닭이 없습니다. 객지에 나갔다가 오랜만에 고향에 돌아왔을 때, 아무리 밤길이라도 마음 놓고 편안하고 익숙하게 자기 집을 찾아갈 수가 있는 것과 마찬가지 이치입니다. 다음 생을 맞이하는 죽음의 길이라도 우리가 그 이치를 제대로 알고 있다면 죽음을 맞이하는 일이 결코 낯선 일도 아니고 두려운 일도 아닐 것입니다.

적어도 우리 불자들은 죽음 앞에 두려움이 없어야 합니다. 왜냐하면 부처님께서 깨달으신 후 펼치신 팔만대장경, 그 많고 많은 가르침이 결국은 생사문제를 이해시키고 생사문제를 깨닫게 하는 것이기 때문입니다. 항상 부처님 말씀을 듣고 배우고 익히면서 생활 속에서 실천하고자 애썼던 불자라면 당연히 죽음 앞에 두려움이 없을 것입니다.

사실 우리가 이 육신의 삶만 가지고 인생의 전부라고 생각한다면 참으로 어이가 없고 너무도 억울할 것입니다. 그러나 깨달음을 이루신 성인의 가르침을 조금만 유념해서 살펴본다면 우리도 '삶이란 이런 것이고 또한 죽음이란 이런 것이다'라고 하는 것을 어느 정도 이해하게 됩니다. 이해를 하게 되면 삶이니 죽음이니 하는 것을 염려하거나 두려워하지 않게 됩니다.

명로라고 하는 죽음의 길 역시 그렇게 캄캄한 길도 아

닙니다. 삶과 죽음에 대해 확실히 깨달은 사람은 저승길이 마치 낮에 자기 집으로 돌아가듯이 환한 길입니다. 확실히는 모르나 가르침이나 이론을 통해서 공부를 하고 깊은 사유를 한 사람이라면 어슴프레한 밤길에 자기 집을 찾아가는 것과 같이 결코 두려워하거나 머뭇거리지 않고 편안하고 정확하게 찾아갈 것입니다.

    부처님의 가르침에는 그만큼 삶과 죽음의 문제가 확실하게 밝혀져 있습니다. 우리는 평소에 불법을 공부함으로 해서 자기의 삶과 죽음에 대한 확신이 서 있어야 합니다. 그러한 공부는 살아있을 때 스스로 해야 옳습니다. 그러나 스스로 했다손 치더라도 유가족이 돌아가신 분을 위해 할 수 있는 최선의 길 또한 부처님의 깊은 가르침을 들려드리는 일입니다. 영가가 지혜의 눈을 떠서 생과 사에 걸림이 없는 대자유인이 될 수 있도록 정성을 다해 도와드리는 것이 49재의 진정한 의미입니다.

••• 다이아몬드처럼 빛나는 금강의 지혜

『금강경』에, "수보리야, 만약 어떤 선남자 선여인이 갠지스 강의 모래 수와 같은 수많은 목숨을 바쳐 널리 보시한 사람이 있고, 또 어떤 사람은 이 경전 가운데서 네 글귀만이라도 받아 가지고 남을 위하여 설명해 주었다면 그 복이 훨씬 많으니라須菩提 若有善男子 善女人 以恒河沙等身命布施 若復有人 於此經中 乃至受持四句偈等 爲他人說 其福甚多."라는 구절이 나옵니다. 『금강경』 진리의 가르침이 생명보다도 소중하다는 말씀을 듣고, 수보리는 감동하여 체루비읍涕淚悲泣, 눈물을 흘리고 소리 내어 울었다는 대목이 그 다음에 나옵니다.

육신의 생명은 아무리 건강하게 오래 산들 100년 미만입니다. 한계가 있는 것입니다. 그런데 진리에 눈을 뜨게 되면 영원한 생명이 됩니다. 100년, 200년 생을 누리고 사는 것과는 비교할 수도 없습니다. 그래서 이러한 이치를 얻는 것은 육신의 생명을 희사해서 복을 얻는 것보다도 천 배 만 배 가치가 있습니다.

또 『금강경』 사구게에는 "범소유상 개시허망凡所有相 皆是虛妄 약견제상비상즉견여래若見諸相非相 卽見如來."라고 되어 있습니다.

　이 세상에 있는 형상은 모두가 허망하다는 것입니다. 세월이 가고 없어져서 허망하기도 하려니와 지금 당장에라도 우리 몸을 낱낱이 분석해 보면 지수화풍地水火風으로 결합되어 육신의 생명을 부지하는 것일 뿐, 사실은 허망한 것입니다. 좀 더 높은 차원에서 보면 손상되지 않고 건강한 이 모습 그대로가 허망하다는 것입니다. 명예나 부귀, 쌓아올린 모든 업적이 그렇고 지식이나 사랑, 미움, 슬픔과 기쁨의 감정들도 그렇습니다. 육신이 허망하다고 하는 이 가르침과 하나도 다르지 않습니다. 일체가 다 텅 비어서 공하다는 그 원리 원칙에서 하나도 벗어나 있는 것이 아닙니다.

　그러므로 우리는 희로애락의 감정에 너무 휘말릴 것도 아니고 너무 집착해서 괴로워할 것도 아닙니다. 우리는 일상생활의 습관대로 눈에 보이고 귀에 들리는 형상을 중심으로 살아가고 있기 때문에 거기에 미혹되고 집착하여 더 이상의 넓고 넓은 마음의 세계를 보지 못합니다.

　우리는 언제나 '부처님, 부처님' 하지만 진정 부처님이 어떤 존재인가를 사실은 알지 못합니다. 우리들의 마음, 우리들의 눈과 귀에서 일체 형상을 걷어낼 수 있다면 영원한 생명이 눈에 들어오고 무한한 능력이 눈에 들어옵니다. 이 것은 모든 사람에게 이미 갖춰져 있는 것입니다. 그래서 곧 진정한 여래를 보게 되는 것입니다. 형상을 보되 형상이 아닌 것으로 보는 것이 형상을 걷어내는 일입니다. 깨어서 없애고 제거시켜서 없애는 것이 아니라 형상을 하나도 건드리지 않고 보되 그것이 형상이 아닌 것으로 볼 줄 아는 것입니다. 그럴 때 영원한 나의 생명을 보게 되고 무한한 능력을 보게 되고, 내 자신 속에서 다이아몬드처럼 빛나는 금강의 지혜를 누리게 되는 것입니다.

『금강경』 전편이 거의 이와 같은 내용으로 일관되어 있습니다. 우리들은 마음으로도 아상我相 인상人相 중생상衆生相 수자상壽者相이라고 하는 자아의식, 차별의식, 열등의식, 한계의식들에 사로잡히고 틀과 선을 설정해 놓고 살아가기 때문에 우리 자신에게 있는 무한한 능력을 발휘하지 못하고 있습니다. 그러므로 이러한 기회, 이러한 인연으로 우리 인생에는 이렇게 다른 면이 있다고 하는 것을 마음에 깊이 새기시기 바랍니다. 특히 금일 영가께서는 반드시 오늘 이러한 이치에 눈을 뜨십시오. 그래야 이 자리를 마련한 의미가 있는 것입니다.

··· 유가족의 편지

오늘 영가께서는 참으로 세상을 성실하게 사셨던 분으로 생각됩니다. 저는 49재 법문을 요청받았을 때 꼭 돌아가신 분의 내력을 적어오라고 합니다. 비록 돌아가신 영가에게 한 말씀 전해주는 짧은 인연입니다만, 가족들이 알려준 그분의 삶을 더듬어보고 명상하는 시간을 갖습니다. '참으로 이분이 이렇게 사셨구나' 하고 알게 되면서 더욱 친근감을 갖게 됩니다. 마치 영가와 가족이 되는 것 같지요. 제가 해드리는 경전 말씀이 참으로 금일 영가에게, 그분의 영혼에 한 발짝이라도 더 가까이 가 닿을 수 있다면 그것이 제가 영가를 위해 할 수 있는 최선의 길이 아닐까 하는 생각입니다.

여기 자녀들이 정리해 온 글이 있습니다. 저도 이 글을 읽으면서 눈시울이 뜨거워졌는데 오늘 동참하신 친지들, 이웃 분들에게 한 구절만 들려 드리겠습니다. 영가께서는 참으로 성실하고 너무나도 부지런히 가족을 위해 헌신적으로 살아오신 가장이셨습니다. 직장 일 때문에 가족을 위한 시간이 넉넉하지 않아서 일주일에 하루나 이틀 정도 집에 돌아와서 가족과 함께 지냈다는 내용들도 여기 적혀 있습니다.

"아빠, 아빠는 우리의 눈높이에서 우리를 이해해 주시고 우리가 원하는 것은 다 들어주셨습니다. 방학이 되면 아빠의 작업현장에서 아빠가 일하시는 모습도 보여주시고 아빠가 만드신 넓은 도로나 다리도 보여주셨습니다.
아빠는 할아버지, 할머니도 꼭 모셔서 현장 근처의 좋은 명소도 구경시켜 드리면서 행복해 하셨습니다. 아빠의 머릿속에는 늘 할아버지, 할머니, 큰아빠, 삼촌, 가족밖에 없는 것 같았습니다. 그래서 아빠는 자신은 잘 돌보지 않는 것 같았습니다. 그런 아빠가 갑자기 떠나셨습니다. 이제 고생을 안 하셔도 될 아빠에게 '편히 쉬세요'라고 말씀드리지만, 이제 '돼지야, 이쁜아'라고 불러주시는 아빠는 안 계십니다. 다음에 인연이 되면 우리 가족 다시 만나 행복하게 살았으면 좋겠습니다."

가족의 글을 읽으면서 이 가족분들의 마음과 똑같이 슬퍼졌습니다. 가족들이 할 수 있는 최선의 일은 영가를 위해서 시간이 허락하는 대로, 또 마음이 가는 대로 『금강경』을 많이 독송해드리는 것입니다. 또 가족들이 『금강경』의 깊은 뜻을 이해하시면 그보다 좋은 영가 천도가 없습니다. 영가에게나 가족들에게나 큰 복이 되고, 또 진정 다음 생을 맞이하는 데 아주 큰 지혜의 양식이 될 것입니다.

삶과 죽음의 실상을 깨닫다

– 성을근 영가의 49재 천도법문 –

··· 대신 복을 지어드리다

『지장경』에 의하면, 사람이 돌아가신 뒤에 반드시 49재를 지내라고 가르치셨습니다. 이 육신만이 인간의 삶이 아니고 육신보다도 천 배 만 배 더 소중한 육신의 주인공이 있습니다. 그 주인공이 이생의 못 다한 여러 가지 인연들을 다 정리하고, 진정으로 이생을 떠나는 기간이 칠 일의 칠 배인 49일이기 때문에 그 기간 동안 일주일에 한 번씩 일곱 번 재를 지내드리는 것이 49재입니다. 유족들은 매 7일마다 부처님께 공양을 올려 다음 생을 맞이하는 영가의 앞길을 열어드립니다. 부처님께 빌어서 부처님의 가피력을 입어 영가가 좋은 데에 날 수 있도록 기도하는 것이지요.

또한 재를 올릴 때 부처님께 공양만 올리는 것이 아니라 팔만대장경의 아주 요긴한 법문을 추려서 염불로 들려드리고, 읽어드리니 그 공덕이 말할 수 없이 큰 것입니다. 영가는 식識이 맑아서 보통사람들보다 말귀를 잘 알아듣는다고 합니다. 아무리 귀한 법문을 설해주어도 지혜가 모자라면 제대로 알아듣지 못합니다. 49재를 특히 중요하게 여기는 것은 이때야말로 영가에게 부처님의 가르침을 일러주기 좋은 상황이기 때문입니다. 그래서 부처님께서는 영가가 다음 생으로 가시는 길에 지혜의 눈을 환하게 열어드리고 못 다한 복도 보태드리는 의식이 꼭 필요하다고 가르치셨습니다.

또한 49재의 인연을 통해서 우리들은 진정한 효도가 무엇인가를 배우게 됩니다. 지금 이렇게 재를 지내는 우리들도 또 언젠가는 이생을 하직하게 되어 다른 이들로부터 천도재를 받게 되는 것이 이 세상의 절차입니다.

오늘 성을근 영가께서는 참으로 복이 많으셔서 장수를 하시고 돌아가셨습니다. 사람이 구십을 넘게 살고 백세를 바라본다고 하는 것은 희유하고 어려운 일입니다. 아마도 자손 되는 분들의 따뜻한 보살핌과 지극정성 덕분일 것입니다. 옛부터 감지봉늘라고 해서 부모님의 뜻을 따라주는 것이 의식주를 넉넉하게 해드리는 것보다도 훨씬 더 바람직한 효도라고 했습니다. 부모가 하고자 하는 일이라면 비록 본인의 체면이 깎이는 일이 된다 하더라도 해드려야 합니다. 효도는 자식 중심의 일이 아니기 때문입니다.

그런데 부처님께서는 부모님의 뜻을 따라주는 효도도 훌륭하지만 거기에서 한마음을 더 쓰라고 가르치셨습니다. 부모님이 살아계실 때는 삶과 죽음의 실상을 확연히 깨달으신 성인의 가르침으로 인도하여 참 삶을 살게 하고, 돌아가신 뒤에는 영혼을 천도해 드리는 것이야말로 그 어떤 효도보다도 더 큰 효도라고 하셨습니다.

우리나라는 다종교 국가입니다. 온갖 종교, 수많은 주의주장이 난무하기 때문에 보통사람들은 어떤 가르침, 어떤 종교를 따라야 할 지 알 수 없어 헤매는 것이 현실입니다. 그렇기 때문에 더욱 지혜를 모아야 하는 것입니다. 순간의 선택이 평생을 좌우한다는 말도 있는데, 세상의 수많은 선택 중에서도 종교 선택의 중요성은 말로 표현할 수 없을 정도로 큽니다. 종교는 자기의 일생뿐만 아니라 주위 가족까지 큰 영향을 미치기 때문입니다.

　이 자리에 참석하신 분들 중에는 이웃 종교를 믿고 계신 분들도 있을 것입니다. 그럼에도 불구하고 이 자리에 참석하시어 영가를 위해 기도해드리는 분들은 참으로 마음이 열린 분들입니다. 그분들께도 종교를 초월하여 큰 공덕이 될 것입니다. 불교에 대해서 전혀 모르는 분들을 위해 간략하게나마 말씀드리면, 불교는 삶과 죽음의 문제를 속 시원히 해결해 주는 종교라고 할 수 있습니다.

　불교를 창시한 부처님은 인도 카필라 국의 왕자님이셨습니다. 그런데 부처님께서는 태어날 때부터 보장된 세속의 부귀영화를 다 버리시고 출가하셨습니다. '생로병사'라는 이 세상 누구도 벗어날 수 없는 인간의 근본적인 고통에서 벗어나기 위해서 세상의 모든 사람들이 꿈꾸는 명예, 부귀영화를 다 떨쳐버리고 출가하신 것입니다. 부처님께서 6년 고행을 하시고 마침내 큰 깨달음을 이루셨고, 생로병사에 대해 해결하셨습니다. 그래서 불교는 그 어느 종교보다도 삶과 죽음의 문제에 대해 확연히, 여실히 가르쳐 주고 있습니다. 49재를 위시해서 천도의식이 발달한 것도 그러한 이유 때문입니다.

우리가 49재를 귀히 여기는 것은 이 인연 공덕으로 많은 분들이 불교와 인연을 맺게 되고, 삶이 죽음의 실상을 깨닫게 되는 계기가 되기 때문입니다. 49재를 지내면서 돌아가신 분의 복을 대신 지어드리는 일도 아주 좋습니다. 하지만 더 중요한 것은 영가에게 지혜의 눈을 열어드리고 삶과 죽음의 실상을 깨닫게 해드려서 다음 생을 스스로 당당하게 희망을 가지고 맞이할 수 있도록 해 드리는 것입니다.

이는 영가뿐만 아니라 이 자리에 계신 모든 분들이 당면한 문제이기도 합니다. 우리는 시일의 빠르고 늦음이 있을 뿐 언젠가는 오늘 영가처럼 이 세상을 떠나게 됩니다. 오늘 지금 이 순간 삶과 죽음의 이치를 깨닫고 미리 미리 준비하는 삶을 살아야 합니다. 그것이야말로 천도재의 진정한 의미이고 보람입니다.

··· 새로운 출발, 당당하고 밝게

금일 영가께서는 참으로 복덕이 많은 분입니다. 부처님과의 지중한 인연 덕분에 이렇게 일가 친지, 도반이 모이신 가운데 부처님의 염불을 듣고 인생의 실상을 깨닫게 되었으니 말입니다. 방금 전에 『금강경』을 함께 독송하셨는데, 천도재 때는 특히 부처님의 가르침 중에서도 가장 요긴한 대승경전인 『금강경』을 독송해드립니다. 스님들이 염불을 해드리는 것도 중요하지만, 유족 되시는 분들이 모든 일에 우선하여 시간을 내셔야 합니다. 돌아가신 영가를 위해서 아침저녁 시간을 정해놓고 경전을 독송해 드리고, 또 재를 지낼 때 영단 앞에 와서 경전을 독송해 드리는 일이 그 어떤 천도재 의식보다도 소중합니다. 그 정성으로 금일 영가께서는 천도를 받으실 수가 있는 것입니다.

『금강경』에, "수보리야, 그대는 어떻게 생각하는가? 만약 어떤 사람이 삼천대천세계에 가득한 금은보화를 가지고 널리 보시하였다면, 이 사람이 얻는 복덕이 얼마나 많겠는가?"라는 대목이 나옵니다.

"만약 어떤 사람이 이 경 가운데 네 글귀만이라도 받아

지녀서 남을 위해 말해준다면, 그 복덕이 앞의 복덕보다 훨씬 뛰어나리라. 왜냐하면 수보리야, 모든 부처님과 모든 부처님의 최상의 깨달음의 도리는 다 이 경전에서 나왔기 때문이니라."라고 몇 번을 반복해서 말씀하고 계십니다.

그렇기 때문에 영가를 위한 염불 속에도 "무릇 형상이 있는 것은 모두 다 허망하나니 만약 모든 형상을 형상이 아닌 것으로 보면 곧 여래를 보느니라凡所有相 皆是虛妄 若見諸相非想 即見如來."라고 하는 『금강경』의 사구게가 있는 것입니다.

영가께서는 오늘 이렇게 49재를 맞으면서 육신이라고 하는 이 형상이 참으로 허망하다는 사실을 다 경험하시고 깨달으셔서 잘 아실 것입니다. 그러니 우리가 이 몸을 버리기 전에 이미 이 형상이 형상이 아니라고 하는 사실을 제대로 보고 산다면 곧 부처님을 볼 것이라고 했습니다. 부처님을 본다고 하는 것은 진리를 보는 것이고 참 생명을 보는 것입니다.

우리는 모든 살아가는 기준을 형상에다 두고 살기 때문에 참 생명을 모릅니다. 참 생명의 지시대로 가자면 가고,

오자면 오고, 앉으라면 앉고, 서라면 서고, 부르면 대답하고, 꼬집으면 아픈 줄을 압니다. 이렇게 어느 한 순간도 참 생명과 떠나있지 않으면서도 정작 우리는 형상 없는 참 생명은 무시하고, 그것에 대한 이해가 없이 살아가고 있습니다.

그래서 처음부터 끝까지 『금강경』에서 누누이 "형상이라고 하는 집착에서 떠나라."는 말씀을 하고 계시는 것입니다. 형상에 집착하다 보면 진정한 생명은 보지 못하기 때문입니다. 우리가 불상을 수없이 만들고 공경하지만 설사 살아있는 부처님이 와 계신다 하더라도 형상을 보게 될 것 같으면 진정한 부처님을 보지 못하는 것입니다.

부처님께서는 "부디 이 형상 밖에 있는 그대들의 진실 생명에 눈을 뜨도록 하라."고 하셨습니다. 중생들이 잘 믿지 않기 때문에 부처님께서는 『금강경』에서 또 이런 말씀도 하셨습니다.

"수보리야, 여래는 참다운 말만 하는 사람이며, 사실만을 말하는 사람이며, 진리의 말만 하는 사람이며, 거짓말은 하지 않는 사람이며, 사실과 다른 말은 하지 않는 사람이다
須菩提 如來 是眞語者 實語者 如語者 不誑語者 不異語者."

부처님께서 무엇을 바라고 중생들에게 거짓말을 하겠습니까? 부처님께서는 우리가 이 육신의 한계에 사로잡히면 인생이라고 하는 것이 허망하고 억울해서 마치 큰 코끼리가 개미집을 밟는 것과 같은 것이라고 하셨습니다. 이 육신의 한계를 뛰어넘은 진정한 참 생명에 눈을 떴을 때 이 육신도 자유로움을 얻을 수 있는 것이고, 다음 생도 참으로 훌륭한 생을 맞이하게 된다고 누차 말씀하고 계십니다.

그래서 『금강경』 사구게에 "만약 육신으로써 나를 보려 하거나 음성으로써 나를 찾으려 한다면 이 사람은 잘못된 길을 가는 것이다. 결코 여래는 볼 수 없으리라."고 하신 것입니다. 여기서 여래라고 하는 것은 모든 사람들의 참 생명입니다. 육신을 끌고 다니는 참 생명, 진정한 주인공이 있는 줄 아는 사람은 자기 스스로 바로 그 주인공이 되어서 당당하게 삶을 펼쳐갈 것입니다.

사람의 삶이라고 하는 것은 결코 일회적으로 끝나는 것이 아닙니다. 만약 이 육신이 다할 때 모든 삶이 다 끝난다고 할 것 같으면 부처님은 분명히 그 육신의 법칙에 맞추어서 모든 가르침을 폈을 것입니다. 그러나 어디를 살펴봐도 부처님께서는 진정한 생명에 초점을 맞추어서 설법하고 계십니다. 천도재의 염불도 결국은 반복해서 이 육신의 허망함을 일깨워 드리는 것이고, 진실생명의 영원함을 가르쳐드리는 것입니다.

여기 지금 여러분이 앉아 계십니다. 누가 왔습니까? 몸이 와서 여기 앉아계시지만, 몸이 이리로 온 것은 아닙니다. 틀림없이 가자고 하는 주인이 있었기 때문에 오늘 이렇게 온 것입니다. 이 순간 몸뚱이는 여기 앉아 있지만 그 주인이 딴 데 가버리면 몸뚱이가 여기 앉아 있어도 법사의 말을 한마디도 알아듣지 못합니다. 그래서 주인을 놓치지 말라는 것입니다. 주인을 놓치면 살아도 산 것이 아닙니다.

불교에서 기도나 참선을 열심히 하는 것은 주인을 놓치지 않고 사는 삶, 몸과 마음이 하나가 되어 사는 훈련이라고 할 수 있습니다. 여러분도 여기 앉아서 천도재 의식을 정성스럽게 지내고 계신데, 몸과 마음이 하나가 되어서 천도재 의식을 지내야 공덕이 큽니다. 그러려면 평소 훈련을 하셔야 합니다. 몸은 법당에서 부처님의 명호를 부르고 보살의 명호를 부르면서도 마음은 다른 데 가 있는 예들이 얼마나 많습니까? 이렇게 확연히 우리가 경험을 하면서도 이 육신 외에 따로 내 참 생명이 존재한다고 하는 것을 모릅니다. 이 몸에 대한 집착이 그만큼 크기 때문입니다. 모든 경전에서 이 허망한 육신에 끄달리지 말고, 이 육신 너머에 진정한 나의 주인공 참 생명이 있다는 사실에 눈뜨라고 그토록 강조한 까닭이 바로 몸과 눈에 보이는 것에만 집착하는 중생들의 습성 때문입니다.

금일 영가께서도 바로 이 이치를 아셔야 오늘 천도재에 모인 분들이 일심으로 들려드린 『금강경』의 이치에 합당하게 되는 것이고, 이분들께도 큰 공덕을 열어주는 것입니다. 이러한 신념이 없다면 어찌 천도재를 지내드릴 것이며, 어찌 천도재의 원리가 경전에 여법하게 그대로 나타나 있을 수 있겠습니까?

금일 영가께서는 부디 이러한 부처님의 깊은 이치를 귀담아 들으시고, 이 순간 지난 세상의 모든 인연, 모든 미련 다 잊어버리십시오. 이제는 다음 생을 준비해야 할 새로운 출발선상에 있다는 것을 더욱 명심하셔야 합니다. 평생을 살아온 모든 인연들, 온갖 형상에 끄달리던 습관들은 다 떨쳐버리고, 참으로 자유자재한 주인공으로, 참 생명으로 새로운 출발을 하셔야 합니다. 그래야 어디에도 걸리지 아니하고 내 인연 따라서 내 삶을 내가 당당하게 찾을 수 있는 것입니다. 마침 백일 지장기도를 올리는 뜻 깊은 날에 천도재를 드리게 되었으니 영가의 복덕이 참으로 무량합니다. 뜻밖에 이 자리에 동참하신 기도 재자 여러분들도 함께 한마음으로 천도를 해 드리게 되었으니 얼마나 복이 많으신지 모릅니다. 이러한 것이 모이고 모여서 금일 영가의 다음 생에 큰 양식이 되고, 또 염불 소리와 법사의 법문에 지혜의 눈을 뜨신다면 다음 생을 참으로 밝게 맞이하실 것입니다.

부디 금일 영가께서 이러한 이치에 눈을 뜨시고 "내가 부처님과 인연을 잘 맺었구나, 부처님의 인연이 아니었더라면 어찌 이러한 도리, 이러한 사실을 알았겠는가?" 하는 깨우침이 있으시기 바랍니다. 부디 모두가 바라는 대로 왕생 극락하시기를 기원 드립니다.

나무 서방 대교주 무량수여래불
나무 아미타불 나무 아미타불 나무 아미타불.

살아있는 영가를 천도하라

••• 소나무에 의지한 칡넝쿨처럼

경전에 소 먹이는 목동이 도망간 소를 찾아서 절에 들어간 김에 부처님도 참배하고 법문도 들어서 부처님의 지혜를 배웠다는 이야기가 있습니다.

오늘처럼 찌는 듯한 삼복더위에 우리는 지장 백일기도를 위해 모였습니다. 선망 부모 영가를 천도하기 위해 모였지만, 이 인연이 우리의 정신을 일깨우는 중요한 계기가 되어 우리, 살아 있는 영가를 천도하는 기회가 되지 않겠나 하는 생각을 합니다.

　우리는 보통 돌아가신 분을 영가라고 합니다. 그러나 한 생각 돌이켜 보면 사실은 살아있는 우리들 모두가 영가입니다. 부처님은 우리들 살아있는 영가를 천도하기 위해서 돌아가신 지 수십 년 된 영가를 천도한다는 명목을 붙이신 것입니다.

　죽은 영가를 표현하는 말 중에 '의초부목지정령依草附木之精靈'이라는 말이 있습니다. 사람이 죽어서 자기 길을 가지 못하고 나무나 풀, 바위에 붙어서 살기 때문에 '풀에 의지하고 나무에 붙어 있는 정령'이라는 뜻입니다.

　우리의 삶도 생각해 보십시오. 우리 모두는 풀에 의지하고 나무에 의지하는 영가들처럼 여기저기에 의지해서 삽니다. 알고 보면 여러 가지 주변상황들에 의지해서 살아가는 것이 보통 우리들의 모습입니다.

　의지해서 산다는 것은 다른 입장에서 살펴보면, 나는 어디 가버리고 그 경계, 대상에 끌려다니면서, 그것이 오히려 내가 되어 버리는 것입니다. 다시 말해서 자식에게 의지한다면 내가 자식이 돼 버리는 겁니다. 나는 어디로 가버렸는지 모릅니다. 대개 돈에 의지하는 사람들을 보면 자기는 어디로 가버리고 오로지 돈뿐이며, 명예에 의지하는 사람을 보면 오로지 명예뿐입니다. 그 사람에게 자기 자신의 인생이란 없습니다. 자식이나 남편, 아내에게 집착하는 사람도 마찬가지입니다. 의지하고 끌려 다니고 종노릇하는 것이 그 사람의 인생입니다.

우리들 불자들은 한 걸음 벗어났다고 생각하면서도 부처님에게 의지하고 등상불에게 의지하고 관세음보살에게 의지합니다. 이것도 의지하기는 마찬가지입니다. 금이나 다이아몬드로 쇠고랑을 만들어 채웠다 해도 자유가 없는 것은 똑같습니다. 의지하는 경계 대상에 끌려가다 보면 어느새 나는 어디론가 사라지고 대상이 오히려 내가 됩니다. 그것이 보통 우리들 삶의 모습입니다. 그래서 우리들을 '살아있는 영가'라고 하는 것입니다. 이러한 점들을 되돌아 볼 줄 알고 살필 줄 아는 것이 선불교禪佛敎적 천도의식遷度儀式입니다.

영가 이야기를 시작하면서 '법당에 이름 써서 붙여놓은 종이가 영가다' 이렇게 생각하지 마시라고 '살아있는 영가'라는 표현을 한 것입니다. 사실 살아있는 내 영가 천도가

시급하지 어디에 있는지도 모르는 아득한 조상 영가 천도가 시급한 게 아닙니다. 우리가 이 세상을 살아가면서 진정으로 바른 이치에 따라 사는가, 삶과 죽음의 문제를 바르게 이해하고 사는가 하는 것이 가장 시급한 문제라는 말입니다.

'의송지갈依松之葛은 직용천심直聳千尋'이라는 말이 있습니다. 칡넝쿨이 소나무를 의지하면 소나무 높이만큼 올라갑니다. 그런데 만일 소나무를 의지하지 않았다면 1미터도 올라가지 못하고 땅에 엉켜서 기어야 할 것입니다. 마찬가지로 우리가 존재의 이치를 제대로 꿰뚫어 보는 가르침을 선택해서 공부하고 신앙심을 갖는다면 내 영혼, 내 자신의 정신세계가 소나무에 의지한 칡넝쿨처럼 높이 높이 올라가는 것입니다. 지금 내가 훌륭하다고 생각하고 의지하고 쫓아다니는 그 무엇은 과연 내게 소나무와 같은 역할을 해 주는지, 내 정신세계를 여름날 식물처럼 무럭무럭 크게 해 주는지 점검해 볼 필요가 있습니다.

••• 부처님의 천도 법문

부처님께서는 '자등명 법등명' 법문을 많이 하셨습니다. 부처님께서는 80을 사셨으니까 당시 나이로는 상당히 오래 사신 셈입니다. 그래서 부처님께선 사리불이나 목건련 등 당신보다 나이가 많은 훌륭한 제자들의 죽음을 다 목격하셨습니다. 부처님께 의지하는 것보다 그 큰 제자들에게 의지하는 바가 컸던 후배 제자들이 슬픔을 감당하지 못하고 통곡을 했습니다.

부처님께서는 수많은 제자들을 거느리고 사셨으니 사람이 죽는 것도, 남은 사람들이 슬퍼하는 모습도 무수히 보실 수밖에 없었지요. 그럴 때마다 부처님께서 일러주신 법문이 바로 자등명 법등명입니다.

> 스스로 자신을 의지하고 진리의 가르침을 의지하라.
> 그리고 다른 것을 의지하지 말라.
> 자신을 등불로 삼고 진리의 가르침을 등불로 삼아라.
> 그리고 다른 것을 의지하지 말라.
> 자신을 편히 쉴 곳으로 삼고

진리의 가르침을 편히 쉴 곳으로 삼아라.

그리고 다른 것으로써 편히 쉴 곳으로 삼지 말라.

自燈明 法燈明

自歸依 法歸依

自洲 法洲

『열반경』에 보면, 부처님께서 당신이 언제 어느 때에 열반에 드신다고 미리 선포하셨습니다. 그 때 부처님의 연세를 생각하고 언젠가는 열반하시리라 예상을 했던 제자들도 막상 부처님께서 오늘 저녁에 돌아가신다고 하니 장례 준비도 못할 정도로 통곡하며 슬픔을 가누지 못했습니다.

"육신을 가진 사람으로서 죽지 않는 사람이 있느냐? 크게 슬퍼하지 말라. 내가 너희들에게 줄 것은 이미 다 주었다."

그 때에도 슬퍼하는 제자들에게 부처님께서 하신 말씀이 바로 자등명 법등명입니다.

우리가 최후로 의지해야 할 것은 진정한 나입니다. 진리의 가르침입니다. 부처님은 진정한 나와 진리의 가르침 오직 두 가지만을 등불로 삼으라고 하셨습니다. 이것이 부처님 최후의 말씀이고 우리들 최후의 보루입니다. 이것이 바로 부처님의 영가 천도 법문입니다. 누구를 천도하든 자등명 법등명입니다. 자귀의 법귀의입니다. 내 자신에게 의지하고, 진리의 가르침에 의지하고, 내 자신을 등불로 삼고, 진리의 가르침을 등불로 삼는 것 그것 외에는 다른 것이 없습니다.

··· 당신은 부처님

살아있는 영가를 천도하겠다고 한 입장에서 '나'라고 하는 존재는 무엇인지 곰곰이 생각해 볼 필요가 있습니다.

사실 저는 『지장경』도 번역하고, 지장경 강의도 하고, 감수한 책도 냈고, 그동안 천도법문도 많이 했습니다. 하지만 벽에다 글자로 써 붙인 영가를 잘 모릅니다. 경전대로 이야기를 했을 뿐 확신이 없습니다. 그런데 확실한 것이 한 가지 있습니다. 바로 지금 제가 말하는 이 사실, 제가 말하는 소리를 유심히 듣고 있는 여러분들의 그 모습, 이렇게 더운

날 더운 줄을 아는 존재 이것입니다. 이것은 무량대복입니다. 여러분들의 신통묘용이 더 기가 막힙니다. 이 실체에 대한 눈을 뜨게 해 주는 것이 선불교적인 천도이고, 부처님께서 말씀하신 자등명 법등명입니다.

석굴암 부처님을 보고 전 세계의 예술가들이 와서 탄복을 합니다. 세상에서 가장 아름다운 모습이라고 찬탄사를 늘어놓습니다. 그 사람들은 정말 아무것도 모르는 멍청이입니다. 탄복을 하려면 꼬집으면 아픈 줄 알고, 부르면 대답할 줄 아는 여러분에게 해야 합니다.

여러분들이 정말 살아있는 부처입니다. 이제 어느새 살아있는 영가가 살아있는 부처로 승격이 되었습니다. 여러분 자신이 신통묘용이고, 무량대복이라는 사실에 눈을 떠야 합니다. 여러분이 불교의 최고 안목인 바로 이 종지, 지금 이 존재에 대해 눈을 뜨면 덩달아서 저기 위패에 모셔놓은 여러분들의 선망부모 천대만대 부모까지 다 눈을 뜹니다. 뿐만 아니라 여러분들의 자자손손 역시 다 진리의 눈을 뜨게 됩니다. 굳이 없는 돈을 들여서 천도할 필요도 없습니다. 눈을 뜨는 이 자리에서 모두가 천도되는 것입니다. 아들이 출세하면 부모도 융숭한 대접을 받습니다. 크게 출세하면 부모뿐만 아니라 그 사람이 태어난 동네까지 완전히 달라지는데, 하물며 존재에 대한 눈을 뜨는데 그 공덕이 얼마나 크겠습니까? 그래서 예부터 도인이 나면 구족九族이 생천生天한다고 하였습니다.

『임제록』에서는 "부족한 게 도대체 무엇이냐欠少什麽?"고 하는 대목이 자주 나옵니다. 흠소십마? 더우면 더운 줄 알고, 차가우면 차가운 줄 알고, 아프면 아픈 줄 알고, 배고프면 밥 먹을 줄 알고, 내 자리 자꾸 침범하면 화낼 줄 알고, 가까운 친구 죽었다고 하면 통곡하고 슬퍼할 줄 아는 이 기기묘묘한 존재가 부족한 것이 도대체 무엇입니까? 또 달리 이것밖에 무엇이 있습니까?

"사람 몸 받기 어렵고 부처님 법 만나기 어렵다人生難得 佛法難逢."는 말은 익히 들어왔을 것입니다. 경전에서는 맹구우목盲龜遇木의 비유를 들어 사람 몸 받고 불법 만나는 어려움을 표현하고 있습니다. 맹구우목, 눈 먼 거북이가 나무 판자를 만나는 격이라고 합니다. 저 드넓은 망망대해에 눈 먼 거북이가 한 마리 살고 있는데, 100년 만에 한 번씩 고

개를 든다고 합니다. 그 거북이가 바다 위를 흘러 다니는 나무 판자의 구멍에 머리를 쑥 들이밀 정도로 어렵다는 것입니다. 많고 많은 생명체 중에서 인간이라고 하는 생명을 가지고 이 세상에 태어난다고 하는 것은 참으로 어렵다는 것을, 또한 설령 그렇게 많은 생명 중에서 인간으로 태어났다 하더라도 온갖 종교 중에서 불법을 만난다는 것이 얼마나 어려운 일인지를 비유한 것입니다.

부처님께서는 진리의 실상을 보시고, 그것이 너무나 소중한 까닭에 80 노구로 열반에 이르시기까지 하루도 쉬지 않고 그 뜨거운 인도의 햇빛을 무릅쓰고 다니시면서 중생교화를 하셨습니다. 부처님께서 우리에게 일러주고자 하신 것은 사람 사람이 모두 완전한 부처라는 것입니다. 모두가 부처라는 이치를 깨우쳐서 인생에 바로 눈뜨고 의미 있고 보람되고 행복하게 살라고 당부하시기 위해 부처님께서는 고통을 아랑곳하지 않고 그렇게 전법의 길을 다니셨습니다.

경전에 "내일이면 죽을 사형수가 형무소의 더러운 똥통 속으로 수 미터를 헤엄쳐서 자기 생명을 살리는 것과 같이 절박한 마음으로 나는 나의 깨달음을 사람들에게 전했다."는 내용이 나옵니다. 또 다른 경전에서는 "배가 파선되자 함께 탔던 죽은 친구의 송장을 타고서라도 헤엄쳐서 '살아야 되겠다'고 하는 절박한 심정으로 나는 법을 전했노라."고 하셨습니다. 그 얼마나 지극한 자비심이신지 그런 구절을 읽다보면 눈물이 그렁그렁해질 정도로 감동적입니다.

 소 찾으러 절에 갔다가 법회에 참석한 목동이 부처님의 말씀을 듣고 깨우친 것처럼 조상 영가 천도한다는 가벼운 마음으로 왔지만 오늘 우리는 이 자리에서 깨우쳐야 합니다. 알고 보면 우리가 이 자리에 함께하게 된 것도 부처님의 지독한, 어찌 보면 무섭기까지 한, 세세생생의 절박한 원력으로 마련된 것이라는 생각이 듭니다. 정말 이 인연은 가볍지 않습니다.

 절에 다니신 지 여러 해 되신 분도 있으시겠고, 얼마 안 되신 분도 있으실 것입니다. 길든 짧든 여러분 모두 부처님 은혜를 알게 모르게 많이 입으셨을 것입니다. 인연 닿는 대로 또 인연이 안 닿으면 지어서라도 열심히 이웃 사람들, 친구와 친척들에게 이 진리의 가르침을 안내해 주셔야 합니다. 부처님과 인연을 맺어 주는 것이 가장 좋은 효도요, 가장 큰 공덕입니다. 인연 있는 분들에게 49재나 천도재 때, 법회 때 적극적으로 동참시켜야 합니다. 여러분들 모두가 전법사, 포교사가 되어야 합니다. 조상을 천도해드리러 절에 오면서부터 마음이 조금씩 열리는 것입니다. 그렇게 차츰차츰 생사의 실상에 눈뜨게 되면 그 공덕으로 그도 행복해지고 나도 행복해지는 것입니다.

신통 묘용한 여러분 자신이야말로 살아있는 부처님입니다. 그것을 알면 이 세상이 그대로 부처님들이 사는 나라입니다. 부처님의 인연, 부처님의 법력은 어디를 가나 환희롭고 감사합니다.

마음만 알면 어디든 돌아가 쉬는 곳이다

– 김훈일 영가의 49재 천도법문 –

••• 흐르는 세월, 만고의 철칙

참으로 세월은 흐르는 물과 같습니다. 유가족들은 김훈일 영가가 돌아가신 지 바로 엊그제 같으실 것입니다. 그런데 벌써 49일이라는 시간이 흘러 오늘 49재를 지내게 되었습니다. 시간이 눈 깜짝할 사이에 지나가는 것은 특별히 어느 누구에게만 해당되는 것이 아닙니다. 만인에게 공평히 적용되는 만고의 철칙입니다. 세월 앞에서 석가모니 부처님도 가셨고, 달마 대사도 가셨고, 공자 맹자도 가셨습니다. 태어난 이는 누구나 간다는 것, 이것이 우리가 깨우쳐야 할 가장 큰 법문입니다. 그 이상 더 높은 법문이 없습니다.

금일 영가의 자제분들이 참으로 훌륭합니다. 깊은 불심으로 아버님의 왕생극락을 위하여 『지장경』과 『금강경』을 사경해서 오늘 소대燒臺에서 함께 소각하게 되었다는 이야기를 들으면서 큰 감동을 받았습니다. 영가의 자제분들에게 먼저 찬탄의 박수를 올립니다. 부처님과 인연 있는 사람들은 많지만 오늘 영가의 자제분들 같은 분은 참으로 드뭅니다. 그 마음의 준비, 그 정성을 생각하니 금일 영가와 부처님의 인연이 더욱 소중하고 값지다는 생각이 듭니다. 이를 계기로 남은 자손으로서 할 수 있는 일이 과연 무엇일까, 어떤 것이 최선의 길일까 다시금 생각해 보게 됩니다.

••• **가장 값진 공덕**

방금 우리가 함께 『금강경』을 읽었습니다만, 갠지스 강의 모래알보다 많은 금은보화를 가지고 부모와 세상을 위해서 쓰는 것보다 인생과 이 우주의 참다운 이치를 꿰뚫어 본 가르침을 제대로 부모님과 세상 사람들의 가슴에 심어주는 것이 더욱 값진 일이고 공덕이 뛰어나다고 하셨습니다. 얼마나 감동스럽습니까? 사람들은 늘 경제적으로 어려워서 부모님께 효도도 못하고 다른 사람들을 도와주지 못한다고 핑계를 댑니다. 하지만 돈 한 푼 없이도 효도하고 도와줄 수 있는 훨씬 좋은 방법이 있습니다. 법을 전해주는 것이야말로 헤아릴 수 없는 공덕이 있는 것입니다. 이치에 눈을 뜨지 못한 사람에게는 진리의 가르침이 서푼어치 가치도 안 되는 일이겠지만, 이치에 눈을 뜬 사람에게는 『금강경』에서 말하는 공덕이 결코 과장된 표현이 아니라는 것을 압니다.

    옛날 달마 대사가 중국에 오셨을 때의 일입니다. 그 때는 양나라 시대였는데, 당시 무제라고 하는 임금이 정치를 하고 있었습니다. 양무제는 불교 신자로 매우 신심이 깊었습니다. 절도 많이 세우고, 스님들 교육도 많이 시켜서 불교 부흥에 큰 힘을 쏟은 분입니다.

    양무제가 달마 대사에게 "제가 탑을 많이 세우고 절을

많이 세운 그 공덕이 얼마나 많습니까?" 하고 물었습니다.

그런데 달마 대사는 "소무공덕所無功德, 전혀 공덕이 없습니다."라고 대답했습니다.

양나라 무제는 달마 대사의 말을 못 알아듣고 매우 실망하였지요. 물론 불사 공덕이 왜 전혀 없겠습니까? 양무제가 불사를 한 덕분에 많은 사람들이 절에 와서 신심을 내고 부처님의 가르침을 배우고 불법을 믿기 전보다 더 나은 삶을 영위하게 되었으니 큰 공덕을 지은 게 사실입니다. 게다가 양무제 덕분에 수많은 사람들이 출가 수행하게 되었으니 그 공덕이 얼마나 큰지 모릅니다. 하지만 양무제는 가시적인 불사佛事와 공덕에는 눈이 열려 있었지만, 진정 형상 없는 가르침인 진리에는 눈을 뜨지 못했습니다. 더욱이 내가 불사 공덕을 지었다고 하는 상이 붙어있었기 때문에 달마 대사가 공덕이 전혀 없다고 한 것입니다.

우리는 세상을 살면서 인생과 세상사에 대해서 잘 안다고 생각합니다. 하지만 모르는 것이 너무나 많습니다. 성인의 안목으로 보면 우리는 눈 뜬 장님처럼 살고 있는지도 모릅니다. 그래서 석가모니 부처님께서는 호화로운 태자의 지위를 헌신짝 버리듯이 버리고 출가 수도의 길로 나선 것입니다. 석가모니 부처님께서 삼천 년의 세월이 지난 오늘날까지도 동서고금을 막론하고 위대한 스승으로 존경받는 이유도 그분이 바로 삶과 죽음의 이치를 깨닫고 바르게 가르쳐 주신 분이기 때문입니다.

다행히 금일 영가께서 직접 간접으로 불연佛緣이 있어서 오늘 이렇게 성스러운 도량에서 이 세상과 마지막 이별을 하는 사십구재를 지내게 되었습니다. 불교에서는 우리 육신의 죽음을 맞이했다고 곧바로 세상 인연을 떠나는 것이 아니라 영가가 생전의 인연 지은 업에 따라서 이생을 마지막으로 하직하는 날이 49일째 되는 날이라고 보고 있습니다. 이것은 삶과 죽음의 세계를 꿰뚫어 보신 부처님의 말씀입니다.

우리가 잠을 자면서도 꿈을 꾸는데 어떤 꿈에 대해서는 잠을 깨고 나서도 쉽게 잊지를 못합니다. 몸은 벌써 꿈과 관계없는 활동을 하고 있으나 마음은 꿈에 미련이 남아 있기 때문입니다. 우리 육신도 알고 보면 그와 마찬가지입니다. 육신의 생명이 다하는 날이 이생의 끝이지만, 육신을 끌고 다니는 주인공은 쉽게 육신을 떠나 다음 생을 맞이하지 못합니다. 남은 가족, 친척, 지인, 온갖 사회활동과의 인연을 쉽게 떠나지 못하는 것입니다. 돌아가신 다음에도 영혼은 미련과 머뭇거림으로써 이생의 주변을 맴돌기 때문에 49일간 팔만대장경의 진수만 모아 놓은 이 재의식문齋儀式文을 읽어드리는 것입니다.

    이 재문에는 부처님의 위대한 가르침의 정수들이 들어 있습니다. 살아생전에 우리가 미국을 생각하면 순식간에 미국을 갔다 오는 것처럼 육신을 벗어나면 영혼은 육신을 가졌을 때보다 일곱 배나 더 맑고 청정해진다고 합니다. 그래서 빨리 읽는 『금강경』도 빨리 외우는 염불도 다 알아들을 수 있는 맑은 영혼으로 남는다는 것입니다. 경전에 나와 있기를, 영혼은 어떤 어려운 염불도 어떤 법문의 이야기도 다 듣고 이해한다고 되어 있습니다. 이 말씀에 의거해서 49일 동안 열심히 경전을 읽어드렸습니다. 이러한 경전 말씀을 들으면서 영가께서 참된 이치에 눈이 밝아져 이생에 미련을 갖지 않고 가벼운 마음으로 다음 생을 맞이하도록 해드리는 것이 49재의 본래 의미입니다.

··· 그림자를 조종하는 것은 우리들 마음이다

오늘 그와 같은 부처님과의 깊은 인연이 있어서 유족들이 『임제록』이라고 하는 좋은 법공양을 마련했습니다.

『임제록』은 동양의 선불교사에 막대한 영향을 미친 임제 스님의 어록입니다. 선종의 가장 뛰어난 지침서라고 할 수 있는 『임제록』 내용 중에, "만약 참되고 바른 견해만 얻는다면 나고 죽음에 물들지 않고 가고 오고 머무름에 자유로워 수승함을 구하지 아니해도 수승함이 저절로 온다." 하는 구절이 있습니다.

온갖 인연들 중에서 가장 크고 무거운 것이 생사生死문제입니다. 나고 죽음의 문제가 제일 크기 때문에 생사대사生死大事라고도 합니다.

또 『임제록』에는 이런 법문이 있습니다. "대덕이여! 그대들은 또한 그림자를 조종하는 사람임을 확실히 알라. 이것이 모든 부처님의 근본이다. 그렇게 되면 모든 삶의 모습[一切處]이 도를 닦는 이들이 돌아가 쉴 곳이다."

육신은 그림자요, 인형입니다. 그렇다면 누구에게나 인형을 조종하는 '그 사람'이 있어서 이렇게 49재에 참여하고, 말하는 소리를 듣고, 모든 사물을 눈으로 분별하고, 또 말도 할 줄 압니다. 이것이 모든 부처님의 근본입니다. 도를 닦고 안 닦고 간에 모든 사람이 다 돌아가 쉴 곳입니다.

또 『임제록』에는 "그대들의 사대四大: 地水火風로 된 이 육신은 법을 말하거나 법문을 하는 소리를 들을 줄 모른다."고 했습니다. "비위간담脾胃肝膽도 설법을 하거나 법을 들을 줄 모른다."고 했습니다. 그렇다면 무엇이 말을 하고 말을 들을 줄 알겠습니까? 귀가 있어서 듣는다고 하고 눈이 있어서 본다고 한다면 돌아가신 분도 귀가 있고 눈이 있으니까 볼 줄 알고, 들을 줄 알아야 됩니다. 그런데 돌아가신 분들이 볼 줄 알고, 들을 줄 압니까? 이미 돌아가셔서 땅 속에 묻혔거나 아니면 한줌의 재가 되었을 뿐입니다. 우리가 왜 49재를 지내는가에 대한 해답이 바로 여기에 있습니다.

우리는 눈으로 보는 것이 아닙니다. 물론 눈을 통해서 봅니다. 또 귀를 통해서 듣습니다. 그러나 눈만으로는 못 보고 귀만으로는 못 듣습니다. 『임제록』에서는 "그대들 눈앞에 역력하고 뚜렷한 아무 형체도 없이 홀로 밝은 이것이 바로 설법을 하고 법을 들을 줄 안다. 만약 이와 같이 볼 줄 안다면 곧 할아버지 부처님과 더불어 다르지 않느니라."고 했습니다.

바로 이 점 때문에 영가님께 49재를 지내고 염불을 들려드리고 법문을 들려드리고 경전을 들려드리는 것입니다. 만약에 그것이 거짓이고 실재하지 않는 일이라면 이런 일이 하등 필요치 않습니다.

할아버지 부처님은 조사스님을 말합니다. 우리가 '부처님이다, 조사스님이다, 성인이다'라고 하는 것은 바로 그 능력을 가지고 하는 말입니다. 『임제록』에서는 그 능력에 대한 깊은 이해만 있으면 바로 이 자리에서 승속僧俗 남녀男女 노소老少 유식有識 무식無識의 차별 없이 그대로 성인이요, 부처라고 하는 사실을 밝히고 있습니다. 부처님도 그 능력을 가지고 부처가 되었고, 공자 맹자도 그 능력을 가지고 공자 맹자가 되었습니다.

오늘 천도해 드리는 영가께서도 바로 그 능력으로 평생 동안 많은 사업을 하셨고 일생을 잘 살아오셨습니다. 이렇게 오늘 많은 분들이 천도재에 동참하시어 성대하게 재를 지낼 수 있는 것도 영가께서 바로 그 능력을 잘 발휘하신 덕

분입니다. 그것은 육신으로 한 일이 아닙니다. 육신이 한 일이라면 육신을 가진 사람이라면 누구든지 다 그렇게 해야 되지 않겠습니까? 바로 그것, 한 물건이라 할 수도 있고, 한 마음, 주인공이라고도 표현할 수 있는 그것이 한 일이기 때문에 사람 사람의 살아가는 모습이 다릅니다. 그것을 어떻게 계발하고, 활동하고, 사용하느냐에 따라서 그 사람의 삶이 결정이 됩니다. 육신을 가진 중생이 성인도 되고 범부도 되는 이치가 바로 여기에 있습니다. 불교는 바로 그러한 이치를 깨우쳐주고, 그 이치에 맞게 모든 삶과 죽음의 문제를 풀어 나가도록 가르치고 있습니다.

금일 영가께서는 부디 이 사실에 눈을 뜨시고 이 사실에 확신을 가지십시오. 거추장스럽고 고장 난 몸뚱이는 다 벗어 던져버리고 활발발한 새로운 삶을 맞이하십시오. 주인공에 대한 확고한 이해가 있다면 『무상계』에서 표현했듯이 이 육신의 죽음이 '쾌활쾌활', 기쁘고 환희롭고, 자긍심을 갖게 되는 일이 될 것입니다.

부디 부처님과의 깊고 훌륭한 인연을 그렇게 회향하셔서 쾌활쾌활하게 새로운 생을 풍요롭고 지혜롭게 맞이하십시오. 그렇게 된다면 참으로 이 천도재가 의미 있고 보람되며 동참한 많은 분들에게까지 큰 회향이 될 것입니다.

　오늘 이 시간, 한번 지나가면 다시 오지 못하는 천도의 식입니다. 부디 금일 영가께서는 부처님과의 값지고 소중한 인연을 깨닫고 이 인연공덕으로 왕생극락하시기를 빕니다.

원력은 바위를 싣고 물을 건너는 큰 배이다
– 석성렬 영가의 49재 천도법문 –

••• **자기 재齋를 자기가 미리 지내는 생전예수재**

오늘 석성렬 영가님의 49재일입니다.

『지장경』에 의하면, 천도재를 지내드리지 않는 것은 먼 길을 가는데 무거운 짐을 지고 혼자 외롭게 가는 것과 같다고 했습니다. 재를 지내드리는 것은 그 짐을 다 들어드리고 영가의 앞길을 밝게 비춰드려서 스스로 다음 생을 당당하게 맞이할 수 있는 기회를 만들어드리는 것이라고 했습니다.

또한 천도재 공덕의 많은 부분이 산 사람에게 돌아간다고 하였습니다. 수치로 표현하면 7등분으로 나누었을 때 6등분이 산 사람에게 돌아가고, 나머지 1등분만이 영가에게 돌아간다고 했습니다. 그 의미는 결국 자신의 갈 길은 자신이 살았을 때 닦는 것이 제일 좋다는 말입니다.

4년마다 한 번씩 윤달이 드는데, 올해도 윤달이 든 해입니다. 윤달은 여벌 달, 공달이라고도 합니다. "윤달에는 송장을 거꾸로 세워도 탈이 없다."는 속담처럼, 윤달에는 이장移葬이나 산소를 손질하거나, 우물을 파거나 메워도 좋다는 인식이 있어서 수의를 미리 준비하거나 이장하는 분들이 많습니다.

절에서는 윤달에 예수재를 많이 지냅니다. 예수재豫修齋라는 한자어에서도 엿볼 수 있듯이 미리 공덕을 닦기 위해서 지내는 재입니다. 돌아가신 분을 위해서 지내는 것이 아니고, 살았을 때 자기 재를 자기가 지내는 것입니다. 예수재가 미리 자기 갈 길을 닦는 재인 것처럼 49재도 마찬가지입니다. 영가와 자신 모두를 위해 공덕을 짓는 것입니다.

우리 인생을 보면 나이 칠십, 팔십, 구십, 요즘엔 100세 장수하는 분도 있습니다만, 각자 자기 명대로 살다가 갑니다.

생을 마감하면 모든 것이 끝나는 것 같지만 깨달은 안목으로 보면 그렇지 않습니다. 나의 주인공은 육신이 아니라 한마음, 주인공이기 때문입니다. 육신을 끌고 다니던 마음이라는 것은 육신의 생명이 다한다고 쉽게 떠나지지 않는 것입니다. 우리 영혼은 그간에 살아온 생에 대한 미련도 많고 회한도 많습니다. 그것을 정리하려면 49일간의 시간이 필요하다는 것입니다. 대개의 영가들은 49일 동안 머뭇거리면서도 인연을 정리합니다. 인생이 이렇게 왔다가 이렇게 간다는 사실을 깨닫는 것입니다. 그래서 49일이 지난 다음에는 가벼운 마음으로 다음 생을 받는다고 경전에 나와 있습니다.

사실 사람이라고 하는 것이 육신뿐이라면 당연히 육신의 법칙으로 살아야 합니다. 육신이 하자는 대로, 육신이 하고 싶은 대로, 육신의 한계대로 살아야 옳겠지만 육신만이 사람이 아니기 때문에 육신에만 얽매여서는 안 됩니다. 육신은 종이고, 진정한 나, 나의 주인은 정신, 마음입니다. 우리가 이렇게 말을 하고 말을 듣느라고 앉아있지만 내 마음이 말을 하는 곳에 와있지 않는다면 말이 귀에 들리지 않습니다. 알고 보면 천도재의 원리라고 하는 것은 너무나도 쉽고 간단한 것입니다. 마음은 여기 있어도 몸은 다른 데 있을 수도 있고, 몸은 여기 있어도 마음은 다른 데 있을 수 있는 것이 사람입니다.

진정 참 나는 마음이고 육신은 따라다니면서 마음을 표현하는 거짓 형상에 불과합니다. 그런데 우리는 육신이 죽으면 세상법대로 처리를 잘하는데 마음은 제대로 처리하지 못합니다. 처리한다는 말이 적절한 표현은 아니지만 알아듣기 쉬운 표현인 것 같아서 썼습니다. 어쨌든 우리 불자들은 부처님의 가르침으로 육신이 아닌 영혼의 처리를 잘해야 하고, 그러기 위해서 천도재를 지내드리는 것입니다. 천도재란 부처님의 가르침으로 영혼을 잘 인도해서 제도해 드리는 것이기 때문입니다.

··· 영가에게 드리는 최상의 선물

마침 오늘은 지장재일입니다. 영가를 천도할 때는 지장보살에게 기도를 드리고, 지장보살님의 가피를 빌립니다. '보살'

은 부처님께서 깨달으신 마음의 일부입니다. 부처님께서 깨달으신 자비심의 화신은 관세음보살이고, 부처님께서 깨달으신 원력의 화신은 지장보살인 것입니다. 원력이라고 하는 것은 쉬운 표현을 빌리자면, 큰 꿈이고 큰 희망이고 큰 생명입니다.

지장보살의 원력은 크게 세 가지로 이야기 됩니다.

첫째, "지옥미공 서불성불地獄未空 誓不成佛, 지옥이 텅 비지 않으면 결코 성불하지 않겠다."라는 말을 했습니다. 이것이 부처님의 마음입니다.

둘째, "아불입지옥수입지옥我不入地獄誰入地獄, 내가 지옥에 들어가지 않으면 누가 지옥에 들어가겠는가?"라고 했습니다. 아무나 할 수 있는 말이 아닙니다. 지옥에 들어가서 지옥의 고통을 받는 모든 사람들을 내가 제도하겠다고 하는 크고 강한 원력입니다.

셋째, "중생도진방증보리衆生度盡方證菩提, 중생들을 모두 제도하고 난 후 보리를 이루겠다."

이 세 가지로 부처님 깨달은 마음의 한 부분인 지장보살의 원력을 대변하고 있습니다.

사람들은 세상을 살아가면서 좋든 싫든, 자의든 타의든, 알게 모르게 잘못을 저지르고 업을 짓고 살아갑니다. 그런데 잘못을 짓고 업을 지었다고 결코 두려워하거나 겁낼 일이 아닙니다. 바람직한 마음으로 원력을 가진 사람도 큰 잘못을 저지를 수 있습니다. 그런데 그에게 능히 잘못을 극복할 수 있는 원력의 큰 힘이 있다면 그 잘못은 아무런 문제가 없습니다. 이것이 지장보살의 정신입니다.

우리가 지장기도를 드려서 지장보살의 가피력을 빌린다고 하는 것은 지장보살의 그 정신, 그 원력을 배우기 위함입니다. 우리도 그렇게 살고 다음 생을 맞이할 때도 그 원력의 마음을 빌기 위해서입니다. 비유컨대 돌을 물속에 넣으면 아무리 작은 돌이라도 가라앉지만 큰 배에 돌을 실으면 아무리 큰 돌이라도 문제없이 물 위에 떠서 물을 건널 수 있습니다. 사람이 살아가면서 보다 바람직한 희망과 꿈과 원력을 가지고 살 때 설사 자기가 지은 죄업이 조금 있다손 치더라도 그 죄업을 거뜬히 극복할 수 있습니다. 그렇게 되어 있는 것이 부처님의 가르침이고 또 세상의 원리인 것입니다.

부처님께서는 왕자의 지위를 버리고 삶과 죽음의 문제를 해결하기 위해서 출가 수도해서 아무도 경험하지 못한 큰 깨달음을 성취하신 분입니다. 큰 깨달음이라고 하는 것은 결국은 삶과 죽음의 실상, 세상사와 인생 문제의 전반에 대해서 확연히 깨달으신 것을 말합니다. 그래서 부처님의 지혜는 일체지一切智: 모든 것을 다 꿰뚫어 아는 지혜라고 표현합니다.

부처님의 가르침은 깨달은 분의 말씀이기 때문에 머리가 총명하다든지 연구를 많이 했다든지 하는 평범한 인간의 생각으로 지은 저술이나 가르침과는 전혀 차원이 다릅니다. 범부의 지혜로 알 수 없다 해서 밀쳐둘 게 아니라 부처님의 말씀을 믿고 따라야 합니다. 사실 천재과학자들이 발견한 원리를 제대로 이해하지 못하면서도 그것을 따르고 있습니다. 그들의 발견 덕분에 발전된 과학문명의 혜택을 받고 있습니다. 그와 같이 우주의 진리를 깨치신 부처님의 말씀을 당연히 믿고 따르면 마침내 인생의 실상을 깨닫고 바로 지금 이 자리에서 항상 행복하게 살아갈 수 있습니다.

천도재 역시 마찬가지입니다. 천도재도 결국은 우리가

살아생전에 좋은 꿈과 좋은 원력을 가지고 살기 위한 것이고, 금일 영가를 위해서 힘을 보태드리기 위함입니다. 금일 영가께서 평소에 잘 사셨으나 남아 있는 유족이 마지막 가시는 분에게 할 수 있는 최선의 길이기 때문에 천도재를 올리는 것입니다.

왕생극락을 원하든, 사바세계에 다시 돌아와서 하시고 싶은 일을 마음껏 하실 수 있는 일이 되었든 큰 원력을 가지고 다음 생을 맞이하시라는 의미에서 업을 덜어드리고 원력에 힘을 보태드리기 위해 49재를 지내드리는 것입니다.

••• 법공양을 올리는 까닭

마침 가장 바람직한 천도재가 무엇인가를 유족 분들이 잘 아셔서 동참하신 여러분들에게 법공양을 올렸습니다. 참으로 큰 공덕이 될 것입니다. 공양에는 여러 가지 의미가 담겨 있습니다. 부처님께 음식을 올리고 꽃과 과일을 올리는 것도 좋은 공양입니다. 하지만 부처님께서 말씀하시길 "내가 제일 좋아하는 것은 법공양이니라."라고 하셨습니다.

사람들에게 부처님 말씀 중에 한 구절이라도 전해 줄 수 있다면 얼마나 의미 있고 뜻있는 일이겠습니까? 밥 한 끼를 대접하는 것과 부처님의 가르침의 법식法食: 법의 음식을 대접하는 것 중에 어느 것이 더 소중하고 값진 것인지 쉽게 알 수 있을 것입니다. 법공양의 가치를 경전에서는 이렇게 말하고 있습니다.

"가령 어떤 사람이 부처님을 머리에 이고 한량없는 세월 동안 섬긴다 하더라도, 그리고 자신의 몸이 삼천대천세계와 같이 넓은 평상의 의자가 되어 부처님을 앉고 눕게 하여 받든다 하더라도, 만약 부처님의 가르침을 전하여 사람들을 제도하지 못하면 끝내 부처님의 은혜를 갚을 길이 없으리라假使頂戴經塵劫 身爲床座遍三千 若不傳法度衆生 畢竟無能報恩者."

이와 같이 법공양은 참으로 값지고 소중한 것입니다. 부처님은 법공양을 위해서 이 세상에 온 것이고 평생 사람들에게 진리의 법을 공양 올리기 위해서 하루도 편할 날 없이 49년이라는 세월을 길 위에서 보내셨습니다.

천도재를 지낼 때 으레 『금강경』을 독송합니다. 『금강경』에는 법공양과 물질의 공양을 비교해서 말씀해 놓으셨습니다. 사람들의 상식으로는 도저히 이해가 안 될 정도로 놀라운 말씀을 해 주십니다.

쉽게 예를 들면, 백두산의 수천 배, 수만 배보다 더 크고 많은 금은보화를 가지고 사람들에게 보시를 해서 많은 사람들을 구제했다손 치더라도 『금강경』 사구게 하나를 전해주는 가치보다도 못하다고 했습니다. 진리의 가르침은 이와 같습니다. 육신에 매여 사는 보통사람들 입장에서는 쉽게 마음에 와 닿지 않을 것입니다. 배고픈 사람에게는 밥 한 그릇이 부처님 말씀보다 낫다고 생각하시는 분들도 있겠지요. 하지만 부처님께서는 결코 없는 말을 하실 분이 아닙니다. 이치에 맞지 않는 말을 하실 분도 아닙니다. 부처님은 진실한 말씀만을 하시는 진실어자眞實語者이십니다. 그만큼 법공양이 소중하다는 것을 강조하신 말씀을 뼛속깊이 새겨야 합니다.

『희망의 인문학』이라는 책이 있습니다. 책제목에서도 엿볼 수 있듯 인문학에서 희망을 찾자는 요지인데, 아주 눈에 띄는 대목이 있습니다. 가난한 사람들, 실직자들에게 인문학 서적을 읽히고 인문학에 대한 소양을 넓히는 것만으로도 삶의 개선에 큰 효과를 보았다는 것입니다. 배고픈 사람에게 빵 한 조각은 당장의 배고픔을 해소시켜 줄 수는 있겠지만 그 사람의 인생이 향상할 수 있는 진정한 힘이 되어주지 못하는 데 비해 인문학은 그 사람의 삶을 바꾸는 계기가 될 수 있습니다. 인문학도 그럴진대, 삶과 죽음의 이치를 담고 있는 부처님 진리의 말씀이 사람들에게 얼마나 큰 영향을 미칠지 잘 아실 것입니다. 그래서 부처님께서는 그토록 "법공양을 해라." "중생들에게 법공양이 제일이다."라고 강조하신 것입니다.

진정 천도재를 제대로 지낼 줄 아는 사람은 스스로 살아 있을 때 자신을 위해서 재를 지내고 부처님의 가르침을 깊이 공부합니다. 또한 돌아가신 분을 위해서 자신이 할 수 있는 한 최선을 다해 경을 많이 읽어드리고 염불을 많이 해드려서 법공양을 많이 올려드립니다.

세상에는 온갖 사상과 관념들이 난무하고 있습니다. 그래서 스스로 정신을 차리고 잘 살피지 않으면 별별 종교,

별별 주의주장에 휘말려서 엉뚱한 삶을 살기 일쑤인 것입니다. 그렇기 때문에 부처님께서는 바른 가르침으로 부모 자식, 형제 자매, 친지, 이웃을 인도해 주는 것보다 더 고마운 일이 없다고 하셨습니다. 그래서 돌아가신 후에도 삶과 죽음의 실상을 꿰뚫어 본 바른 가르침으로 영혼을 천도해 드리는 것이야말로 최상의 효도라고 하신 것입니다.

··· 대자유인의 길

금일 영가께서 이제 마지막 가시는 순간입니다. 대승경전 『금강경』의 사구게를 말씀해드릴 테니 잘 들으시고 마음을 깨닫고 지혜의 눈을 번쩍 뜨십시오.

6조 혜능 스님께서는 불교의 불자도 모르던 일자무식의 나무꾼이었는데 『금강경』 한 구절을 듣고 지혜의 눈이 열려서 부처님과 같은 분으로 한순간에 뛰어올랐습니다. 지금 들려드리는 『금강경』 사구게는 6조 스님께서 깨달음을 얻은 구절입니다.

"응무소주 이생기심應無所住 而生其心, 마땅히 머무는 바 없이 그 마음을 낼지니라."

물질·소리·향기·맛·감촉·법에 머물러 있으면 안 되고, 그 어디에도 머무는 바 없이 그 마음을 내라고 하셨습니다. 조금만 마음을 기울여도 알 수 있는데, 사람이나 사업이나 허망한 줄을 알면서도 집착을 합니다. 그래서 부처님께서는 그토록 간곡하게 "반드시 사물에 머물지 말고 마음을 낼 것이며, 반드시 소리와 냄새와 맛과 감촉과 그 외의 어떤 것에도 머물지 말고 마음을 낼지니라. 그래서 마땅히 머무는 바 없이 그 마음을 낼지니라不應住色生心 不應住聲香味觸法生心 應無所住 而生其心."라고 한 것입니다.

우리 마음은 본래 어디에도 머물거나 집착하지 않게 되어 있습니다. 자유자재한 존재입니다. 그것이 우리 인간의 실상이고 우리 마음의 참모습입니다. 6조 혜능 스님은 이 구절을 듣고 대자유인이 되었고 생사 해탈을 하셨습니다. 삶과 죽음을 바로 보았습니다. 아니 본래 인간은 생사에 자유로운 존재입니다. 아이가 어른이 되는 이치처럼, 본래 자유로운 불성 존재이기에 부처가 되는 것입니다. 부디 금일 영가께서도 이러한 구절에서 지혜의 눈을 뜨시기 바랍니다.

또 『금강경』 사구게 중에, 흔히 우리가 알고 있는 "무릇 형상이 있는 것은 모두 허망하나니 만약 모든 형상을 형상이 아닌 것으로 보면 곧 여래를 보느니라凡所有相 皆是虛妄 若見諸相非相 卽見如來."라는 구절이 있습니다. 이제 금일 영가께서는 잘 아셨을 것입니다. 그동안 쌓아온 모든 업적과 하신 사업과 온갖 일들이 지금 이 순간 어디에 있습니까?

그렇게 애지중지하던 육신도 마지막에는 얼마나 큰 짐이 되었습니까? 젊고 건강할 때는 육신이 짐인 줄 모르지만, 나이가 들고 병이 들면 육신이 짐이라는 사실을 너무도 잘 압니다. 금일 영가께서는 그 무거운 짐을 이제 다 벗어던지고 참으로 당당하고 자유롭습니다. 육신을 통해 형상 있는 것이 허망하다는 것을 이제 확연히 깨달았을 것이고 경험하셨을 것입니다. 살아있을 때 이 형상이 형상이 아닌 줄 알면 얼마나 속이 시원하게 자유롭게 살아가겠습니까? 그래서 만약 이런 형상에서 형상 아닌 것을 볼 때 곧 부처님을 본다고 한 것입니다.

부처님은 형상이 아닙니다. 나무로 만들고 돌로 만든 부처는 물론이고 살아있는 부처님이 눈앞에 있다 해도 형상인 까닭에 그 형상을 부처님이라고 본다면 그것은 부처님을 보는 것이 아니라고 했습니다.

모든 경전 말씀이 다 진리를 담고 있지만, 『금강경』 사구게는 그 중에서도 정곡을 찌르는 말씀입니다. "만약 육신으로써 나를 보려 하거나 음성으로써 나를 찾으려 한다면 이 사람은 잘못된 길을 가는 것이다. 결코 여래는 볼 수 없으리라若以色見我 以音聲求我 是人行邪道 不能見如來."라는 사구게도 대단하지요. 만약 어떤 사람이 부처님을 보는데 형상으로 보거나 부처님이 설법을 잘 한다고 해서 설법에서 보거나 하면 이 사람은 삿된 도나 미신을 행하는 것입니다. 여래는 모습에 있는 것도 아니요, 소리에 있는 것도 아니기 때문입니다.

이것을 알면 첫 사구게에서 말씀드린 당당하고 자유자재한 주인공, 어디에도 다 참여하면서도 또한 걸릴 것 없는 우리의 이 활발발한 주인공, 마음, 이러한 도리를 확연히 아시게 되는 것입니다. 우리는 언제나 눈에 보이고 귀에 들리는 형상을 기준으로 해서 살아왔습니다. 얼마나 거기에 속았습니까? 얼마나 거기에 미혹당해서 진실을 보지 못했습니까?

금일 영가께서 이제는 그러한 도리를 잘 아실 순간입니다. 또다시 육신을 받아버리면 육신이라는 한계 속에 얽매여서 자유롭지 못합니다. 영혼으로 있을 때는 육신의 한계를 벗어난 까닭에 평소에 한 번도 알아듣지 못한 염불소리, 경전소리도 아주 잘 알아듣고 지혜가 밝다고 했습니다. 새롭게 또 육신을 받아들이면 육신이라는 한계에 끄달려서 자유롭지 못합니다.

육신이라는 한계를 극복하기 위해서 부처님은 6년 고행을 하셨고, 마침내 육신의 한계를 극복하셨습니다. 깨달은 안목으로 바라보니 고물고물한 육신을 가진 우리 중생들이 그대로 생사에서 해탈한 존재라는 것을 아시고 감탄하셨습니다. 부처님께서 깨달으시고 나서 처음으로 말씀하신 "희유하고 희유하도다. 일체 중생이 다 불성을 갖고 있구나."라는 말씀의 의미를 알아야 합니다.

부디 영가께서도 허망한 것에 끄달리고 집착하지 말고 나의 참 생명에 눈을 뜨시기 바랍니다. 그랬을 때 곧 여래의 눈을 뜨는 것이고, 진정한 참 부처님을 보게 되는 것입니다. 참 부처님을 본다고 하는 것은 내가 이미 참 부처님이 되었다는 사실입니다.

『금강경』 사구게 중에 마지막은 "모든 작위作爲가 있는 것은 마치 꿈같고 환영 같고 물거품 같고, 그림자 같고 이슬 같고 번개 같으니, 반드시 이와 같이 관찰하도록 하라一切有爲法 如夢幻泡影 如露亦如電 應作如是觀."입니다.

세상 모든 것을 이와 같이만 본다면 어디에도 얽매이지 않을 것입니다. 집착과 끄달림은 부자유입니다. 그런 부자유로부터 벗어났을 때 이것이 진정한 해탈인 것입니다. 부디 세상사를 그렇게 보고 연극하듯이 해야 합니다. 그래서 유명한 경봉 노스님께서는 자기가 맡은 역할을 한바탕 멋들어지게 연기하다가 돌아가라고 하셨습니다.

금일 영가께서 다행히 부처님과 인연이 많으신 분입니다. 참으로 많고 많은 수많은 인연들 중에서 바로 부처님 앞에서 천도재를 지낼 수 있는 이 인연은 그 어떤 인연보다도 값지고 소중한 것입니다. 그 인연 덕분에 삶과 죽음의 실상에 대해 들으셨고, 또 온갖 경전의 중요한 내용을 모은 천도재 의식의 염불도 들으셨습니다. 부디 이 인연을 의미 있게 활용하시기 바랍니다.

또한 유족들께서는 아버님께 못 다한 효도를 어머님께 정성을 더 배로 들이셔서 효도하십시오. 화목하고 우애 있게 사십시오. 아버님의 가시는 길이 더욱 홀가분하고 당당하실 것입니다. 부디 이 천도재 인연공덕과 불보살님의 가피력이 오늘 석성렬 영가님의 왕생극락에 보증이 되고 증명이 되시기를 만방에 기원 드립니다.

누구나 태어나는 순간부터 열반으로 향한다

- 윤동준 영가의 49재 천도법문 -

••• 인생의 원점은 공空

오늘 윤동준 영가님의 49재일입니다.

부처님의 깨달음으로 우리 인생을 보면 육신이 다했다고 해서 다음 생으로 곧 넘어가는 것이 아닙니다. 육신이 다한 지 49일이 지난 다음에야, 그동안 못 다한 사연, 못 다한 인연들을 다 거두고 나서야 영혼이 다음 생을 맞이한다고 합니다. 그래서 불교에서는 49재 동안 7일에 한 번씩 일곱 번의 재를 올립니다. 앞에서 누누이 말씀드렸지만, 마지막 가시는 길에 큰 공덕이 되는 49재를 올려드리고 있으니, 자손들은 오늘 최상의 효도를 실천하고 계시는 것입니다.

동양에서는 효도를 지상의 제일 과제로 삼았습니다. 옛날에는 정치하는 관리를 뽑을 때도 효심을 보고 뽑았다는 기록이 있을 정도입니다. 부모에게 효심이 지극한 사람은 그야말로 도덕성이 높아서 백성들을 어버이처럼 잘 모실 거라는 생각이 참으로 현명해 보입니다. 또한 관직에서 물러날 때도 효도하기 위해서 물러난다면 임금님께서도 아끼는 신하를 잡지 못하고 그냥 수락할 수밖에 없었으니 효도를 얼마나 강조했는지 알 수 있습니다.

그런데 오늘날엔 사회적으로 효도교육이 이뤄지지 않고 있고 효심이 부족해 보입니다. 그래도 불자들은 효심이 지극한 분들이 많은데, 대부분의 불자들이 뿌린 대로 거둔다는 인과법문을 체득하고 있기 때문이 아닌가 싶습니다.

오늘 천도재를 지내면서 효도에 대하여, 삶과 죽음에 대하여 부처님의 가르침을 생각해 보는 시간을 갖는 것만으로도 의미 있는 일이라고 봅니다. 금일 영가가 마지막 가시면서까지 우리들에게 이토록 좋은 자리를 마련해주셨으니, 영가에게도 큰 복이 될 것입니다.

금일 영가께서는 태어나서부터 지금 49재를 지내는 이 순간까지 부단히 하나의 목표를 향해서 달려왔습니다. 그런데 오늘 이 순간이 바로 금일 영가께서 달려오신 그 목표의 도달점이요, 내생의 출발점입니다. 달리기 릴레이 경기에서도 선두 주자와 후발 주자의 바통 터치가 매우 중요한데, 생의 종착역과 출발역인 오늘이 얼마나 소중한 순간입니까?

태어나서 철없을 때 동네 아이들과 희희낙락, 천지도 모르고 즐기는 그 순간에도 쉼 없이 달려갔고, 성장해서 이리저리 세상사에 휘말리면서도 달려갔고, 자식들을 키우고 가족을 책임지느라 온갖 애를 쓰면서 살아온 그 순간에도 부단히 달려왔습니다. 열반이라고 하는 인생 최종의 목표지점을 향해서 달려간 것입니다. 잠자는 시간에도 달려가고, 열심히 일하는 시간에도 달려가고, 누구와 다투고 싸우는 시간에도 달려가고, 즐겁게 웃고 떠드는 시간에도 달려가는 것이 우리 모두가 피할 수 없는 인생의 실상입니다.

우리는 모두 다 금일 영가를 천도해 보내는 이 순간에

도 열반이라고 하는 목표점을 향해서 열심히 달려가고 있습니다. 이것을 누가 부정하겠습니까? 석가모니 부처님, 달마 대사도 태어나서 부지런히 달려 그 열반이라는 목표지점에 이르렀고, 금일 영가도 태어나서 이 순간까지 달려와서 이 자리에 이르렀듯이 우리 모두도 마찬가지입니다.

오늘은 윤동준 영가를 애도하고 천도해서 보내지만 다음 날은 우리 차례입니다. 어느 누가 그것을 피할 수 있겠습니까? 다음에는 바로 나의 일이고 여러분들의 일입니다. 내 사진, 내 위패가 언제쯤 저기 저 영단에 올라가 있을지 그 누가 압니까?

인생의 원점은 공空입니다. 열반涅槃입니다. 공에서 출발하여 아무것도 없는 그 공을 향해서 때로는 울고, 때로는 웃으면서 달려가고 있습니다. 그래서 결국은 목표지점인 공에 도착하고 맙니다. 오늘 영가께서 이러한 이치를 한번쯤 생각하고 깨우쳐 주기 위해, 그리하여 우리의 삶을 바로잡고 보다 의미 있고 보람되게 살게 해 주기 위해 많은 분들을 초청했습니다. 금일 영가의 천도재는 단순히 영가 자신이 부처님의 가피력을 입어서 천도되는 데 있는 게 아닙니다.

우리 모두에게 이와 같은 깨우침을 주고자 하는 의미가 있습니다. 그것이 잘 이루어졌을 때 금일 영가도 큰 복을 받고 진정 훌륭한 천도가 되는 것입니다.

••• 생로병사에서 벗어나는 법

출가하기 전에 인도 카필라 국의 왕자였던 고타마 싯다르타(석가모니 부처님의 본명)는 사대문을 두루두루 나가서 인생의 생로병사를 체험합니다. 동문 밖에서는 노인을, 남문 밖에서는 병자를 만났습니다. 노인과 병자의 고통을 보고 괴로워하던 고타마 싯다르타 왕자는 서문 밖에서 장례식을 치르는 모습을 보고 신하에게 묻습니다.

"저것이 무슨 일이냐?"

"사람이 살다가 죽으면 저런 의식을 치릅니다. 지금 저 사람은 장례지를 향해서 가고 있습니다."

신하의 대답을 듣고 다시 물으셨습니다.

"누구라도 저 철칙에서 벗어나는 길은 없느냐?"

"없습니다."

신하가 대답하였습니다. 천하에 영명하신 싯다르타 왕자가 그 이치를 몰라서 신하에게 물었겠습니까? 질문을 통해서 우리들에게 한 번 더 깊은 인식을 시켜주려는 것입니다. 선생이 학생에게 묻거나, 부모가 자식에게 묻는 것은 알고 있는 사실을 더 깊이 인식시켜서 확실하게 깨닫게 해 주기 위해서 묻는 것입니다. 부처님께서 사문유관을 하시면서 신하에게 죽음에 대해 물은 것은 이것이 우리들의 현상적인 실상이니 이 엄청난 현실을 깊이 인식하고 살라는 것입니다.

49재 의식에도 다음과 같은 염불 내용이 있습니다.

"태어남은 어디서 오며
죽음은 어디로 가는가.
태어남은 한 조각 구름이 일어남이요,
죽음은 한 조각 구름이 사라지는 것인데
여기 한 물건이 항상 홀로 있어
담연히 생사를 따르지 않는다네.
生從何處來 死向何處去

生也一片浮雲起
死也一片浮雲滅
獨有一物常獨露
湛然不隨於生死."

우리 몸은 태어나는 순간부터 지금까지 끊임없이 죽음이라는 목표점을 향해 달려가면서 부단히 변화해 왔습니다. 그러나 변화하지 않는 하나의 존재가 있습니다. 자동차와 같은 우리 육신에게 가자, 오자를 명령하는 자동차의 운전수와 같은 존재입니다. 그것은 보이지도 않고, 들리지도 않고, 형상도 없고, 만지려야 만져지지도 않습니다. 그러면서 웃게도 하고 울게도 하고, 나를 마음대로 부리고 있습니다.

바로 금일 영가의 참 생명인 것입니다. 참 주인공인 것입니다. 여기에 눈을 뜨자고 부처님께서도 왕위를 버리고 출가하셔서 6년 고행 끝에 참 생명을 깨달으셨습니다. 부처님의 모든 가르침은 바로 이것을 일러주고자 하는 가르침이고, 49재 역시 그 이치를 들려드리는 의식입니다. 영가만이 아니라 이 재에 참석하신 모든 분들께서는 살아있을 때 이러한 이치에 깊은 깨달음을 얻어서 영원한 참 생명을 누리고 살자는 것입니다.

참 생명이라는 것은 이미 있는 진실이고, 본래 있는 행복입니다. 누가 만들어서 생긴 것도 아니요, 복을 많이 짓는다고 생긴 것도 아닙니다. 복을 많이 지어서 생긴 복은 불과 몇 푼어치 안 됩니다. 그러나 우리가 본래 가지고 있는 무한한 능력, 그것은 누구나 평등합니다. 누구에게나 똑같은 무궁무진한 능력과 복덕과 자비와 지혜를 갖추고 있다는 사실을 알아야 합니다. 이것을 잘 계발해서 쓴 분들은 불보살이요, 그것을 인식하지 못하고 취생몽사하며 살아가는 것은 미혹한 중생입니다.

세상에는 이런 이치가 있고 우리 인생에도 이러한 위대한 이치가 있음에도 불구하고 현상에 눈이 어둡고 세속적인 가치관에 빠져서 사는 게 문제입니다. 근본적으로 더 나은 삶과 더 나은 이치가 있는데도 이를 찾으려고 하지 않는 데 문제가 있는 것입니다.

진정 구름에서 벗어나면 저 푸른 창공이 한없이 펼쳐져 있습니다. 우리들 삶의 세계도 작고 조그마한 것에 갇혀 있고 얽매여 있는 것이 아니라 무한히 넓고 무한히 자유로운 삶을 누릴 수 있는 길이 개개인에게 다 갖추어져 있습니다. 당당한 큰 길, 당당대도堂堂大道입니다.

대웅전 앞에 마하대법왕摩訶大法王이라고 쓴 주련이 있습니다. 위대한 큰 진리의 왕! 본래 검거나 흰 것도 아니요, 본래 누렇거나 푸른 것도 아닌데 곳에 따라서 상황에 따라서 희게도 되고 누렇게도 되고 검게도 되고 푸르게도 되고 온갖 인생을 연출하는 것이 우리들 삶이고, 그것이 마하대법왕입니다. 형상에 끄달리지 말고 미혹되지 않는다면 자유자재한 큰 생명을 누릴 수 있는 것입니다.

금일 영가께서는 모름지기 『금강경』의 사구게 중의 중요한 한 구절, "무릇 형상이 있는 것은 모두 다 허망하나니 만약 모든 형상을 형상이 아닌 것으로 보면 곧 여래를 보느니라凡所有相 皆是虛妄 若見諸相非相 卽見如來."라는 내용을 깨달으셔야 합니다. 우리 육신을 비롯해서 이 세상에 눈에 보이는 모든 것, 우리의 감정들, 인식 능력들 이 모든 것은 전부 변하는 것입니다. 마치 구름이 시시각각 바람에 따라서 변해가는 것처럼 허망한 것입니다.

만약 모든 형상 있는 것에서 그 형상 아닌 이치를 꿰뚫어 볼 수 있다면 우리 역시 눈앞에 펼쳐져 있는 모든 존재의 실상을 꿰뚫어 볼 수 있습니다. 그럴 때 여래는 형상도 아니요, 나무나 돌로 깎아둔 불상은 더욱 아닙니다. 역사적인 석가모니 부처님도 아닙니다. 그것은 참 생명이고 주인공인 존재입니다. '역사적인 부처님이 위대하다' '석굴암 불상이 위대하다' '어떤 법당에 어떤 부처님이 어떻게 영험이 있다' 하는 것은 전부 허깨비 노릇이고 환상입니다. 거기에 우리가 끄달리고 미혹해서는 실재의 참 생명의 자유자재한 맛은 조금도 보지 못하고 그림자 노릇만 할 뿐입니다.

금일 영가께서는 스스로 모든 존재가 다 사라진 것을 체험하셨습니다. 자녀들이 아무리 많은들, 자녀들을 키우면서 얼마나 공을 들였던들, 당신이 쌓아 놓은 업적이 얼마나 있은들 이제 무슨 의미가 있습니까? 아무것도 아닙니다. 그 아무것도 아니라는 사실을 영가께서는 깊이 깨달으셨을 것입니다. 이제 당신의 참 생명에 대해서 눈을 뜨셨을 줄 믿습니다. 바로 이러한 가르침을 드리고자 천도재를 드리는 것입니다. 천도재를 통해서 금일 영가에게 마음의 눈, 참 생명의 눈을 뜨게 해드리는 것입니다.

　또한 천도재를 지내드리는 우리 모두에게 인생의 무상함을 깨닫고 나아가서 우리들의 참 생명에 눈을 뜨게 해 주는 계기가 됩니다. 우리가 천도재를 지내는 것은 비단 금일 영가에게만 복이 되는 것이 아니고 오히려 천도재를 지내드리는 우리 모두에게 더 큰 복이 될 수가 있습니다. 우리가 이러한 기회를 통해서 인생의 참 의미를 깊이 깨닫는다면 그 공덕이 결국은 윤동준 영가에게로 되돌아가서 참으로 풍요롭고 넉넉한 삶으로 새롭게 출발할 준비가 됩니다.

　부디 영가께서는 부처님 인연을 소중히 생각하셔서 염불 소리에 귀를 기울이십시오. 부족하나마 이 법문을 열쇠로 삼아서 모든 가르침과 모든 염불의 내용을 하나하나 열고 풀어 가신다면 낱낱이 이해가 되어서 이 작은 법문이 감로의 법문이 될 것입니다. 부디 이 인연 이 공덕으로 왕생극락하시기를 바랍니다.

우리들의 인생, 우리들이 맡은 연기
-대해심 보살의 49재 천도법문-

••• 인생은 한바탕 연극

누구나 살아가는 동안은 천 년 만 년을 살 것처럼 삶에 대한 애착과 관심이 그지없습니다. 그러나 지나고 나서 보면 인생의 오고감은 허망하기 이를 데 없습니다. 천만 금을 들여서 하루를 더 살려고 해도 되지 않습니다.

오늘 천도재의 주인공이신 대해심 보살님은 불심이 남다른 분입니다. 범어사 선방에서 오랫동안 최상승 공부인

참선을 하셨고 도반들도 많으십니다. 선방에서 참선을 하고 싶어 하는 사람은 많습니다. 하지만 출가 수행인들도 참선에 힘쓰기가 쉬운 일이 아닌데, 재가보살로서 참선 수행을 마음껏 하시고 싶은 대로 하셨다는 것은 참으로 복된 인생이라는 생각이 듭니다. 당신이 원하시는 대로 수행할 수 있다는 것 자체가 보통 복력이 아닙니다.

또한 자손들이 어머니의 뜻을 잘 따라주었다는 생각이 듭니다. 부모님이 절에 가 있으면 힘들지 않겠느냐며 애써 만류하는 것이 효도라고 생각하는 사람들도 많습니다. 그런데 어머니의 뜻을 잘 이해하고, 절에 가서 수행하고 싶어 하는 그 마음을 따라준 것은 자식들이 아주 훌륭한 효도를 한 것입니다. 부모가 일하고 싶어 하면 일하게 하고, 시골에 가서 살고 싶어 하면 시골에 가서 살게 하고, 기도하고 참선하고 싶어 하면 참선하게끔 이해하고 배려해 주는 것이 자식 된 도리입니다. 그것이 최상의 효도입니다.

대해심 보살님은 스스로 인도했든 남이 인도해 주었든 정법의 가르침을 받으며 평생 공부를 잘 하셨습니다. 그야말로 이 세상에서 더할 나위 없이 바람직한 인생을 사셨습니다. 세속적인 표현으로 '성공한 인생'이라고 말씀드려도 손색이 없습니다.

되돌아보면, 우리 인생이란 한바탕 연극을 하다가 무대 뒤로 사라지는 일과 하나도 다를 바가 없습니다. 금일 영가의 생애를 우리가 객관적으로 생각하면 그러한 점이 확연히 떠오릅니다. 돌아가신 영가의 인생만 그런 것이 아니라 여기 모인 유족, 이웃 친지 등 우리 모두의 삶이 따지고 보면 다 그렇습니다.

우리 인생은 무대 위에서 자기가 맡은 연기를 하는 것입니다. 그 역할이 끝나면 누구 할 것 없이 다 무대 뒤로 사라질 수밖에 없습니다. 울어야 할 때는 우는 연기를 하고, 웃어야 할 때는 웃는 연기를 합니다. 남을 미워할 때는 미워하는 연기를 하고, 남을 사랑할 때는 사랑하는 연기를 합니다. 배우가 자신의 배역을 완벽하게 이해하고 혼신을 다해 소화할 때 연기를 참 잘 한다고 합니다. 마찬가지로 우리는 지금 우리가 맡은 역할, 연기를 나름대로 충실히 하고 있습니다.

그러나 아무리 연기를 잘하고 있다 하더라도 시간이 지나면 하던 연기를 접고 무대 뒤로 사라져야 합니다. 그런 것이 삶이고 죽음입니다. 이 사실을 부처님께서는 일찍이 깨달으셨습니다. 그래서 태자의 지위도 헌신짝처럼 버리고 설산에 들어가셔서 고행을 하시고, 인생의 실상을 꿰뚫어 보신 것입니다. 부처님도 이 세상에서 배역을 맡으셨는데, 부처님께서 평생 맡으신 역할은 사람이 진정 의미 있고 보람 있게 사는 길이 무엇인가를 일깨워 주는 것이었습니다. 우리는 그 가르침을 통해서 각자가 깨달을 수 있는 만큼 인생을 깨닫고, 거기에 알맞은 역할을 하다가 갑니다. 그것이 또한 우리들의 인생이고 우리들이 맡은 연기입니다.

••• 기뻐할 것도 없고 슬퍼할 것도 없다

금일 영가께서는 법문도 많이 들으셨고 스스로의 마음 닦는 공부도 남 못지않게 하셔서 특별히 더 이상 마음을 깨우쳐 줄 만한 법문을 하지 않아도 될 것 같습니다. 7·7재⁽⁴⁹재⁾를 정성을 다해서 올려드리면서 관례대로 부처님께서 최상의 가르침이라고 하신 『금강경』을 여러 대중들이 함께 읽어드렸습니다. 금일 영가가 다음 생을 맞이하는 데 조금이라도 보탬이 되고, 진리의 양식, 지혜의 양식이 될까 해서 염불도 해드리고 경도 읽어드리고 법문도 해 드리는 것입니다.

부처님께서는 부산의 금정산만한 금은보화를 쌓아놓고 세상 사람들에게 한껏 베푼다 하더라도 이 대승의 가르침인 『금강경』 한 구절을 읽고 쓰고 외우고 다른 사람을 위해서 설명을 해드리는 것만 못하다고 수없이 말씀하셨습니다. 부처님은 그런 말씀 끝에 '나는 참말만 하는 사람이다' '실다운 말만 하는 사람이다' '사실과 조금이라도 다른 이야기는 하지 않는 사람이다' '결코 추호의 거짓말도 하지 않는 사람이다'라고까지 하시면서 대승법문의 소중함을 강조하셨습니다.

금일 영가께서도 이 가르침을 살아생전에 수없이 읽으셨을 것이고, 들으셨을 것이고, 남을 위해서 권하기도 많이 하셨을 것입니다. 영가에게 도움이 되고 보탬이 되는 저승의 양식, 저승 갈 노자로 이보다 더 훌륭한 양식이 이 세상에 없으므로 주옥 같은 염불과 경전을 독송해드리는 것입니다.

『금강경』에는 "여래자如來者 무소종래無所從來 역무소

거亦無所去."라는 구절이 나옵니다. 풀이하면, "여래는 어디로부터 오는 것도 아니며, 또한 어디로 가는 것도 아니다."라는 뜻이지요.

또 "여래자 즉제법여의如來者 卽諸法如義.", "여래란 곧 모든 법이 여여하다는 뜻이다."라고 하는 내용이 나옵니다. '모든 존재가 그냥 그대로'라는 말인데 '그냥 그대로'라는 말속에 많은 의미가 함축되어 있습니다. 그래서 '그냥 그대로라고 하는 이치[如義]가 바로 여래'라고 했습니다. 생生 속에 사死가 있고, 생사가 이뤄지는 속에 공空이 있고, 모든 있음과 없음이 동시에 존재한다고 하는 사실이 여래입니다. 이 사실이 진리이고 모든 존재가 여여如如하다는 뜻입니다. '제법여의諸法如義'라고 하는 경전의 말씀이 바로 그러한 뜻입니다.

사람이 돌아가셨을 때, 어마어마한 재산을 가지고 있다가 그 재산이 다 흩어졌을 때, 높은 직책에 있다가 그 직책에서 내려왔을 때 비로소 무상함을 알 것이 아니라 출발하는 그 순간에 이미 출발하기 이전의 그 이치를 볼 줄 알아야 된다는 것입니다. 그랬을 때 올라갔다고 기뻐할 것도 없고,

내려왔다고 해서 슬퍼할 것도 없으며, 생겼다고 기뻐할 것도 없고, 사라졌다고 슬퍼할 것도 없습니다. 그런 이치를 보아야 비로소 우리 인생의 진정한 모습을 알게 되는 것입니다. 태어나고 늙고 병들고 죽는 가운데 자기의 역할과 인연에 따라서 평생 동안 연기를 펼쳐 보이지만, 무대 위의 모든 연기들을 또 한 편의 무대에 오르기 이전의 도리로 볼 줄 아는 것이 바로 존재의 참 이치를 아는 것입니다.

부처님께서 우리에게 일깨워주신 지혜, 그 안목은 무대에 있으면서도 항상 내가 무대에서 사라져버린 상황을 염두에 두고 연기를 해야 한다는 것입니다. 다이아몬드와 같이 빛나는 지혜라 해서 『금강반야바라밀경』이라고 하는, 이 『금강경』의 지혜란 바로 인생을 그렇게 꿰뚫어 볼 줄 아는 안목입니다.

금일 영가께서 이미 경험하셨고, 살아계실 때 많은 법문을 들으셨고, 선방에 계시면서 스스로 깊이깊이 사유하면서 일생을 사셨으니 이런 이치를 잘 아시리라고 생각합니다. 절에 와서 불교와 인연 맺고 부처님과 인연을 맺으면서 하는 일은 바로 이러한 이치를 공부하는 것입니다. 이러한 이치를 내 가슴속에서 확연히 이해하고 밝게 알기 위해 공부를 하는 것입니다.

다음 생을 맞이하는 저승 가시는 길에 이러한 『금강경』의 이치가 마음에 깊이 새겨져서, 부처님께서 말씀하셨듯이 더 이상 바랄 것이 없는 최상의 지혜의 양식이 되시기를 간절히 바랍니다.

어떻게 부모의 은혜를 갚을 것인가?

••• 부모의 뜻을 거스르고라도 해야 하는 것

오늘 영가 천도를 위한 『부모은중경』 대설법회에 많은 신도님들이 늦은 시간임에도 불구하고 이렇게 자리를 함께 했습니다. 부처님께, 주지스님께, 신도님들께 서로서로 감사의 마음을 가져야 합니다. 부처님 덕분에 불법과 인연을 맺게 되었으니 감사하고, 또 스님께서 이렇게 좋은 법석을 마련해주셨으니 감사하고, 여러 신도님들이 계셔서 이 법석이 성황리에 열렸으니 감사한 일입니다. 더욱 오늘은 이 자리에 참석하게끔 알게 모르게 독려해 주신 돌아가신 부모님께, 조상님들께 지극한 마음으로 감사해야 합니다.

전통적으로 음력 7월은 불교에서 '효도의 달'이라고 합니다. 불교에서는 백중을 기해서 『부모은중경』을 중심으로 지장기도를 올리고, 부모의 은혜에 대해 생각해 보는 시간을 마련하는 절이 많습니다.

얼핏 생각하면 불교는 스님들이 부모 형제 다 놔두고, 인정머리 없게 출가하는 것 같아 불효를 하는 듯한 인상을 줍니다. 그러나 자세히 살펴보면, 세상의 수많은 종교 가운데 불교만큼 효도를 숭상하고, 부모의 은혜에 대해서 신중하게 생각하는 종교도 없습니다. 부처님께서는 여러 경전에서 부모의 은혜를 갚아야 한다고 강조하셨고, 우리가 지금 읽고 있는 『부모은중경』이나 『목련경』은 오로지 부모의 은혜에 대한 내용들로만 짜여 있습니다.

세상에는 다양한 종교가 있습니다. 같은 불교 안에서도 온갖 주의주장이 많습니다. 무엇을 하면 좋고, 어디 가면 소원을 들어 준다는 등 별별 이야기가 떠돕니다. 시장에 가서 콩나물을 한 움큼 사는 것도 이리저리 살펴보면서 정상적으로 자란 것인지, 약품을 써서 키운 것은 아닌지 꼼꼼히 진짜와 가짜를 분별해서 삽니다. 그런데 세세생생 내 인생 문제를 좌우하는 사상과 종교를 선택하면서 얼마만큼 검토해 보고, 재보고 인연을 맺었는지를 생각해 보십시오. 누가 좋다 하니 따라 왔고, 어느 절에 가면 볼 것이 있다 하니 따라가다 보니까 불교와 인연을 맺게 된 경우도 많을 것입니다.

분별하고 검토하고 신중에 신중을 기해 선택해야 할 것은 한 줌의 콩나물이 아니라 사실은 종교이고 사상이고 주의주장입니다. 종교는 참으로 함부로 권할 것이 아닙니다. 인생을 바르고 유익하게 살아갈 수 있도록 가르쳐주는 훌륭한 종교를 권해야 진정한 효도가 되고 올바른 사랑이 됩니다. 덮어놓고 자기 마음이 내킨다고 함부로 권해서는 안 됩니다.

부모의 뜻을 따르는 것이 효도라고 할 수 있지요. 하지만 부처님께서는 최고의 효도를 꼭 하고 싶으면 부모의 뜻을 어겨도 좋다고 하셨습니다. 가장 유익한 종교와 사상을 권하여 그 마음을 깨우쳐 드리기 위해서 어기는 것은 괜찮다는 말씀입니다. 그만큼 마음의 눈을 뜨게 해드리는 것이 중요하고 이것이야말로 부처님께서 가장 권하시는 효도입니다.

"도오선자道吾善者는 시오적是吾賊이요, 도오악자道吾惡者는 시오사是吾師라, 나를 선하다고 말하는 자는 나의 적이고 나를 악하다고 말하는 자는 나의 스승이다."라는 말이 있습니다. 이 말을 잘 새겨들어야 합니다. 대부분 잘못해도 잘 한다고 해 줘야 기분이 좋고, 잘못한다고 하면 기분이 나쁜 것이 보통 사람의 마음입니다. 누구든지 지적을 받았을 때, 좋은 길로 이끌어줄 때 순수하게 받아들일 줄 아는 마음 자세가 되어 있으면 삶을 향상시킬 수 있습니다.

사실 나를 나쁘다고 말해 주는 사람이 스승입니다. 왜냐하면 그 충고를 통해서 나를 되돌아보고 잘못을 고치고, 삶을 올바르게 가꾸어 가는 데 좋은 밑거름이 되기 때문입니다. 그와 마찬가지로 부모의 뜻을 거슬러서라도 정말 올바른 사상과 가르침을 전해드려야 합니다. 처음에는 듣기 싫어할지 몰라도 자꾸 자꾸 정성을 다해서 불법의 진리를 일깨워드리면 자식을 인생 스승으로 받아들이는 때가 있을 것입니다. 부모뿐만 아니라 자식에게도 마찬가지입니다.

　진리로 이끌어주는 것이야말로 의식주를 호화롭고 편안하게 해 주는 것보다도 천 배 만 배 더 중요합니다. 설사 끼니를 굶어서 죽는다면 한 생으로 마감할 수 있지만, 사상을 잘 못 들여놓으면 그 폐단이 세세생생 이어집니다. 종교나 사상은 마음의 문제이기 때문입니다. 마음은 영원히 불생불멸의 존재인 까닭에 잘못 이끌어 놓으면 마음 속 아뢰야식에 종자가 되어 새로 태어날 때 좋지 않은 싹을 틔우게 됩니다. 그래서 삿된 가르침, 삿된 종교, 좋지 않은 사상 쪽으로 흐르게 됩니다. 설사 같은 집안에 태어났다 하더라도 생각을 달리 하고 사상을 달리 하는 까닭에 얼토당토 않는 인생의 길을 가는 것이 그 때문입니다.

　우리가 주변을 한 번 돌아봐도 이렇게 밝고 분명한 세상에 참으로 무지몽매하고 상식적으로 도저히 이해되지 않는 가르침에 현혹되어 벗어나지 못하는 사람들이 많습니다. 올바른 믿음이 아니라 광신의 도가니로 사람을 휘몰아갑니다. 그런 까닭에 부처님께서는 무엇보다 중요한 것은 우리들의 정신을 바르게 하는 것이라고 하셨습니다. 부처님께서 당신을 추종하는 사람들의 숫자를 많이 만든다거나 세를 불려서 큰 단체나 패거리를 만들자고 하는 것이 아닙니다. 그런 뜻은 전혀 없으십니다. 부처님께서 올바른 사상을 권하는 이유는 인간으로서의 무한한 능력을 깨닫고 마음껏 보람된 생을 살게 하자는 것입니다. 그것이 부처님 마음입니다.

생과 사의 문제를 투철히 꿰뚫어 본 부처님의 가르침에 의해서 그 영혼을 제도하는 것이 가장 큰 효도입니다. 살아있을 때도 정신의 문제요, 돌아가신 후에도 그 정신을 올바른 법으로 천도해 드릴 수가 있다면 그 어떤 효도보다도 훌륭한 효도라는 것을 명심하시기 바랍니다.

이와 같이 우리가 인생을 살아가는 데 있어서 무엇보다도 중요한 일은 마음의 문제입니다. 정신의 문제, 인간의 본질의 문제, 삶과 죽음의 실상에 관한 문제입니다. 이것을 확연히 알고 그 법칙대로 살아야 합니다. 인간이 육신뿐이라면 당연히 육신의 법칙대로 사는 것이 옳습니다. 그러나 만약 이 육신의 운전수 같은 역할을 하는 것이 있다면 바로 그 법칙대로 사는 것이 옳다는 것입니다. 그런 까닭에 부처님께서도 삶과 죽음의 문제를 고민하시다가 그것이 계기가 되어서 출가를 하셨습니다.

'인생의 진실이 무엇인가?'

'참 생명이 무엇인가?'

이 문제를 해결하기 위해서 그 고귀한 태자의 지위를 버린 것입니다.

흔히 불자들 가운데 법회에 나오라고 하고, 불교 공부를 하라고 권해도 시간이 없어서 못 나온다고 하거나 혹은 다니다가도 일이 바빠서 못 나온다는 말을 합니다. 제발 그런 말씀은 하지 말아야 합니다.

부처님께서는 일국의 왕자이셨습니다. 부처님께서 일이 없어서 출가하신 것이 아닙니다. 붙드는 사람이 없는 천애고아라서 출가하신 것도 아닙니다. 왕자는 때로 왕을 대신해서 국정을 다스려야 하는 중요한 자리입니다. 그럼에도 불구하고 더 큰 문제, 더 값진 문제, 스스로의 생사를 해탈하고 아울러 수많은 사람들의 행복과 이익을 위해서 출가를 하신 것입니다.

시간이 없어서 법회를 못 온다거나 불교 공부를 못한다고 하는 말씀은 부처님 보기에 미안한 말입니다. 불자님들은 이제부터 절대 그런 말씀을 하면 안 됩니다. 무엇에 비중을 더 두는가 하는 것에 차이가 있을 뿐입니다. "법문 듣고 불교 공부하는 것보다는 다른 일이 더 중요하기 때문에 나는 더 중요한 일을 해결하기 위해서 다녔다."라고 한다면 솔직한 대답입니다.

누구나 똑같은 24시간입니다. 다만 무엇을 더 가치 있게 생각하고 무엇을 더 소중하게 생각하는가 하는 기준이 다를 뿐입니다. 우리가 조금만 눈을 뜨고 생각해 본다면 이 삶을 영위해 가는데 진정 무엇이 영원하고 무엇이 보람되고 무엇이 가치 있는 것인가를 알 수 있습니다.

앞서도 말씀드렸듯이 콩나물 한 줌, 몇 천 원짜리 몇 만 원짜리 물건을 사면서도 이것이 진짜냐 가짜냐, 고장은 나는가 안 나는가, 조금만 마음에 안 들면 전화해서 고쳐 달라 하고 바꾸려고 합니다. 무엇이든지 그렇게 치밀하고 정확한 것은 좋은 태도입니다. 그렇게 하는 만큼 우리들 마음의 문제, 참 생명의 문제에 신경을 쓰고 철두철미하게 예의 주시하면서 살아가야 합니다. 그것이야말로 참으로 보람되고 진정 풍요롭고 부유하게 사는 길입니다.

그래서 부처님께서는 올바른 사상과 올바른 가르침을 위해서는 부모의 뜻을 어겨도 좋다고까지 말씀하신 것입니다. 이제 최상의 효도가 어떤 것인지 잘 아셨겠지요. 여러분에게 박수를 쳐드리십시오. 부모의 은혜를 생각하고, 선망부모, 조상의 영가 천도를 위한 기도법회에 참석하여 진실한 효도를 하는 자신을 마음껏 칭찬해 주어도 좋습니다. 그러한 인연을 지은 것도 자기 복이므로 스스로에게 찬탄의 박수를 쳐 줄 만합니다. 복이 없으면 이 핑계, 저 핑계를 대가면서 최상의 효도를 올리지 못하기 때문입니다.

사실 '부모에게 효도를 하고 싶어도 어떻게 효도를 하는가?' 하면, 이상하게 들릴 수도 있습니다. 하지만 실제로 할 줄 몰라서 못하는 사람도 많습니다. 부모의 은혜에 대해서도 모르는 사람들이 많습니다. 자식 된 도리로 부모의 은혜를 모르다니 말도 안 된다고 생각하는 분들도 계실지 모르지만 주위를 살펴보면 의외로 그런 분들이 많습니다.

올바른 효도를 하려면 부모의 은혜에 대해 진실한 마음이 생겨야만 합니다. 그래야 비로소 효도하고 싶은 마음도 생기는 것입니다. 부모의 은혜를 모른다면 효도하고 싶은 생각도 나지 않고, 효도가 행해지지도 않습니다. 이 세상 사람들은 모두가 자식 된 입장이지만 사실은 부모의 입장을 어떨 땐 알다가도 잊어버리기 일쑤입니다. 부모의 은혜를 깊이 느끼는 사람도 있고 전혀 느끼지 못하는 사람도 있고 천차만별입니다. 자식 사랑하는 것은 누가 시키지 않아도 대단하고 헌신적인데, 부모 은혜는 잊고 삽니다. 이런 분들을 위해 지혜로운 주지스님께서 『부모은중경』 대설법회를 마련한 것으로 보입니다. 『부모은중경』을 살펴보면서 부모님의 은혜를 새기는 시간을 갖도록 하겠습니다.

··· 여러 가지 불효 이야기

그 동안 많이 읽으셔서 내용을 다 아시겠지만 『부모은중경』의 서두는 부처님께서 어느 날 길을 가시다가 마른 뼈 한 무더기를 보고 문득 오체투지하며 예배를 드리는 것에서부터 시작됩니다.

    제자들이 깜짝 놀라서 묻습니다.

"삼계의 대도사이시고 사생의 자부이신 이 세상의 최고의 성인이신 부처님께서 어찌하여 그 하찮은 뼈 무더기에 예배를 하십니까?"

그러자 부처님께서는,

"아난아, 너는 내 제자가 되어서도 아직 어리석기 짝이 없구나. 저 뼈 무더기가 과거에 내 부모일 수도 있고, 처자권속일 수도 있고, 모두가 나와 인연이 깊은 사람들이다. 또 따지고 보면 이 세상 사람치고 과거 생에 무루 겁을 통해서 살아오면서 서로가 부모자식간이 되지 않은 사람이 또 어디 있겠는가? 모두가 내 부모요, 내 자식인 관계로 맺어져 있는 것이 또한 인간관계다."라고 하셨습니다.

이 얼마나 대단한 말씀입니까? 여기에 어마어마한 불교의 세계관이 나옵니다. 모든 것은 다 서로서로 의존하여 존재하고 있다는 연기법緣起法, 언제 어디서 만났는지 기억하지 못할 뿐이지 우리 모든 사람이 서로 깊은 인연으로 맺어져 있다는 말씀입니다.

이렇게 문을 연 『부모은중경』에는 부모님 은혜를 잊어버리는 불효에 대한 내용이 나옵니다. 다 아시는 내용이겠습니다만 잠깐 소개해 드리겠습니다.

"이윽고 자식이 다 자란 뒤에는 도리어 불효를 행한다. 부모와 함께 이야기를 나눌 때 마음에 맞지 않는다고 눈을 흘기고 눈동자를 굴린다. 큰아버지와 작은아버지도 속이고 형제간에 서로 때리고 따르지 않고, 부모님의 가르침과 지시도 따르지 않고 형제간의 말도 일부러 어긴다. 출입하고 왕래함에 있어서도 어른께 말씀드리기는커녕 말과 행동이 교만하여 매사를 제멋대로 처리한다."

우리가 가슴에 손을 얹고 가만히 새겨볼 내용들입니다. 딱 우리 모습 아닙니까? 빙그레 웃고 계신 분도 있는데, 공감이 가실 것입니다. 본인이 부모에게 불효를 해서 속으로 뜨끔하신 분도 있으시겠고, 오늘 아침에 눈 흘기는 아들 때문에 속상했던 분들은 '예전에도 그랬구나' 하며 위안을 받으시는 분도 있으실 것입니다.

"이런 것을 부모가 타이르고, 어른들이 그른 것을 바로 말해 주어야 하거늘, 어린아이라고 어여쁘게 생각하여 웃어른들이 덮어주기만 한다. 그래서 점점 커가면서 사나워지고 비뚤어져서 잘못한 일도 반성하지 않고 오히려 성을 내게 된다. 또한 좋은 벗을 버리고 나쁜 사람을 벗으로 사귄다. 그러한 나쁜 습성이 천성이 되어 몹쓸 계획을 세우며, 남의 꾐에 빠져 타향으로 도망쳐가서 마침내는 부모를 배반하게 된다. (중략)

부모의 생활형편이 춥거나 더운 것에는 조금도 아랑곳하지 않고, 아침저녁이나 초하루 보름에도 부모를 편히 모실 생각은 추호도 하지 않는다. 부모가 나이 들어 쇠약하여 모습이 보기 싫게 되면 오히려 남이 볼까 부끄럽다고 괄시와 구박을 한다.

혹은 또 아버지가 홀로 되거나 어머니가 홀로 되어 빈 방을 혼자서 지키게 되면, 마치 손님이 남의 집 살이 하는 것처럼 여겨 평상과 자리의 먼지와 흙을 털고 닦을 때가 없으며, 부모가 있는 곳에 문안하거나 살펴보는 일이 없다. 방이 추운지 더운지, 부모가 배가 고픈지 목이 마른지 일찍이 알 까닭이 없다. 이리하여 부모는 스스로 밤낮으

로 슬퍼하고 탄식을 한다. (중략)

이렇게 부모의 은덕은 한량이 없고 끝이 없건만 불효의 죄는 이와 같이 이루 다 말할 수가 없다."

부처님께서는 이와 같이 불효에 대한 말씀을 하고 계십니다. 본의 아니게 부처님께서 말씀하신 이러한 불효를 가끔 저지르기도 하고, 또는 고의적으로 저지르는 경우도 적지 않습니다. 어쩌면 그렇게도 속속들이 불효하는 사람들의 마음과 행실들을 소상히 말씀하고 계시는지 깜짝 놀랄 정도입니다.

'영가를 천도한다' '선망 부모를 천도한다' 해서 백중, 혹은 윤달에 예수재를 지낼 때도 천도재를 올립니다. 이러한 풍속은 어떤 종교에도 없는 아름답고 훌륭한 일입니다. 설사 평소에 효도를 지극히 했다고 하더라도 부모의 은혜는 깊고 끝이 없어서 1년에 한 번씩 천도해 드리는 것으로는 만분의 일도 갚을 길이 없습니다. 그러나 부모를 생각하는 이러한 의식과 제도가 있기에 그나마 부모의 은혜를 갚을 기회를 자주 갖게 되는 것이니 얼마나 귀한 인연인지 모릅니다. 불자라면 불교에서 말하는 음력 칠월 보름, 효도의 달, 효도의 날 천도의식에 꼭 참여해야 할 것입니다.

왜 음력 칠월 보름이 가장 천도하기 좋은 날인가 하는 것은 여러 의미가 있습니다. 우리는 부처님의 탄생일인 사월 초파일을 성대하게 봉축합니다만, 부처님께서 생존해 계실 때 불교에서 제일 중요한 날은 칠월 보름이었습니다.

부처님께서는 살아 계실 때 생신상을 차리신 일이 없었습니다. 생신날에도 여전히 바릿대를 들고 일곱 집을 돌며 탁발해서 드셨습니다. 경전에는 초파일이라고 하는 특별한 날에 대한 기록이 전혀 없습니다. 그런데 칠월 보름 백중날은 부처님께서 살아계실 때부터 중요하게 여겼던 날입니다. 부처님께서 왜 이 날 목련 존자에게 "대중들에게 공양을 올리면 지옥에 떨어져 있는 부모가 천도된다."고 했는지 알아야 됩니다.

물론 이에 대해 잘 아시리라고 믿습니다만, 한번쯤 더 되새기는 뜻에서 말씀드리겠습니다. 백중은 3개월 동안 각자 흩어져서 수행하던 수행자들이 모두 부처님께 모이는 날이었습니다. 수행자들이 모여서 그동안 공부한 것을 다 털

어놓고 잘못된 것은 바로잡고, 잘한 것은 칭찬도 듣고, 허물을 지었으면 참회를 하고 용서를 받는 날입니다. 3개월 동안 고생고생하며 수행하던 수행자들이 전부 한 곳에 모이니 얼마나 반가웠겠습니까?

우리는 현재 여름 결제, 겨울 결제가 있습니다만, 그 당시 인도에는 하안거만 있지 동안거라는 것이 없었습니다. 동안거라는 말은 아예 없고 하안거 한 번뿐입니다. 그 어떤 날보다 가장 성스럽고 기쁜 날인지라 대중공양을 올리기 가장 좋은 날이기도 합니다. 그래서 목건련 존자도 어머니를 위해서 그날 공양을 올렸던 것입니다. 그 인연으로 목건련 존자의 어머니가 천도가 되었습니다.

이렇듯 음력 칠월 보름, 백중은 부처님 당시부터 불교에서 제일 중요하게 여기던 날인데, 근래에 와서 다시 새롭게 칠월 백중의 의미를 찾고, 뜻 깊게 보내고 있습니다. 이렇게 7일간 대법회를 열기도 하고, 다른 절에서는 칠월 보름 회향을 맞춰서 49일간 선망 부모와 조상을 위해 천도재를 올리기도 합니다.

부모님의 은혜를 알면 그에 대한 표현을 해야 하고 실천을 해야 됩니다. 직접 몸으로 부모님을 받드는 행동으로 나아가야 합니다. 마음으로만 부모님의 은혜가 중하다고만 생각해서는 안 됩니다. 돌아가신 분에게는 위패를 올려 천도재를 지내드리고, 부모님이 가까이 계시든 멀리 계시든 불자라면 음력 칠월, 효도의 달에 반드시 부모님을 찾아뵈어야 합니다.

칠월 중에 이렇듯 최상의 효도를 올리는 것이 불교의 전통입니다. 부처님 당시 목건련 존자가 그 모범을 보였기 때문에 그 전통이 면면이 이어져 오는 것입니다. 우리 불자들은 이런 것에 대해 아주 소상하고 정확하게 알고 있을 필요가 있습니다. 이런 날을 기해서 부모의 은혜를 생각하고 실천하는 것은 다른 어떤 종교에서도 하지 못하는 불교의 아름다운 풍속임을 알고, 이웃 친지에게 전해주어야 합니다.

••• 육신으로 부모의 은혜를 갚을 수 없다

부처님께서는 『부모은중경』에서 부모의 은혜가 얼마나 큰지에 대해 말씀해 주셨습니다. 이러한 것을 우리 마음속에 깊이 새긴다면 조금이라도 부모님의 은혜를 갚고자 하는 마음이 날 것입니다.

옛날에는 관리를 등용시킬 때 그 사람의 효심을 중요하게 여겼습니다. 요즘은 부모에게 아무리 불효하더라도 시험을 쳐서 성적만 잘 나오면 판사도 되고 검사도 됩니다. 하지만 옛날에는 장원급제를 하였더라도 그 사람이 얼마나 지극한 효도를 하는 사람인지를 살펴본 뒤에야 등용을 시켰습니다. 효심이 시원찮은 사람은 '안 봐도 다 안다不問可知'는 것입니다. 사람을 볼 때 '부모에 대한 행실이 어떤가?' 하는 것만으로도 충분히 알 수 있다는 것은 참으로 중요한 이야기입니다. 현대의 우리도 한번쯤 다시 생각해 봐야 할 대목입니다.

어찌 보면 사회적인 제도로써 뒷받침해야 할 정도로 효도가 어렵다는 반증이기도 합니다. 부모님의 은혜를 갚는 것이 얼마나 어려운지 『부모은중경』에 있는 부처님의 말씀을 살펴보겠습니다.

"너희들은 마땅히 알아야 할 것이다. 내가 이제 너희들을 위하여 분별하여 설명하리라. 가령 어떤 사람이 왼쪽 어깨에 아버지를 모시고, 오른쪽 어깨에 어머니를 모시고, 피부가 닳아져 뼈에 이르고 뼈가 닳아져 골수에 미치도록 수미산을 백 천 번 돌더라도, 오히려 부모님의 은혜는 갚을 수가 없느니라. (중략)
가령 어떤 사람이 부모님을 위하여, 몸을 심지로 삼아 불을 붙여서 부처님께 공양하기를, 백 천 겁이 지나도록 하더라도, 오히려 부모님의 깊은 은혜를 갚을 수 없느니라. 가령 어떤 사람이 부모님을 위하여, 뼈를 부수고 골수를 꺼내며, 또는 백 천 개의 칼과 창으로, 몸을 쑤시기를 백 천 겁이 지나도록 하여도, 오히려 부모님의 은혜를 갚을 수가 없느니라."

부모님의 은혜는 너무나도 크고 넓어서 은혜를 갚는 것이 이와 같이 어렵다는 것입니다. "오른쪽 어깨에는 어머니를, 왼쪽 어깨에는 아버지를 모시고 수미산을 돈다, 칼로 심장을 오린다, 뼈를 부순다, 눈동자를 오린다."는 표현들이 있는데 이것은 전부 육신에 해당되는 것들입니다.

이제 결론을 말씀드릴까 합니다. 부처님께서 부모님의

은혜를 갚는 것이 얼마나 어려운 일인지 수없이 많은 예를 들어 말씀하셨습니다. 모두가 육신을 고통스럽게 한다든지 해서 부모님의 은혜를 갚는다고 하신 것입니다. 그런데 그렇게 하루에 수 십 번 이 목숨을 버려서 백 천겁이 지난다 하여도 결국은 부모님의 은혜를 갚을 수 없다고 하셨습니다. 육신으로는 부모님의 은혜를 갚을 수 없다는 말씀입니다. 결론적으로 정리하면 바로 그것입니다.

설령 부모님께 좋은 음식을 못 해드리고, 좋은 옷 못 해드리고, 좋은 집에 못 모신다 할지라도 그게 중요한 게 아닙니다. 심지어 부모님의 뜻을 좀 어기는 한이 있더라도 진정 바람직한 효도는 부모님을 올바른 사상으로 일깨워 주는 것입니다. 올바른 사상으로 그 마음을 이끌어준다면 얼마든지 큰 효도를 할 수 있다는 것입니다.

방금 우리가 읽었던 내용, 부모님의 은혜를 갚기 어려운 문제도 결국은 육신의 문제입니다. 이 육신으로 아무리 헌신한다 하더라도, 수 천만 번 칼로 오려내고 목숨을 끊어가면서 부모님께 효도를 한다 하더라도 결국은 부모님의 은혜를 갚을 수 없다는 것을 상기하시기 바랍니다.

그럼 어떻게 해야 하느냐? 부처님께서 말씀하신 진정한 효도의 길은 올바른 사상과 올바른 가르침으로써 부모님을 인도하는 것입니다. 거기에 부모님에 대한 진정한 효도의 길이 있다는 말씀입니다. 효도의 길뿐만 아니라 불교의 모든 길이 거기에 있습니다. 인간으로서 가장 값진 삶의 길, 최고의 길이 거기에 있습니다.

올바른 가르침이란 한두 마디로 말씀드릴 수 없습니다만, 깨달음의 가르침을 말합니다. 불교, 부처님의 가르침입니다. 그야말로 깨달은 이의 깨달음에 의한 깨닫게 하는 가르침입니다. 한 마디로 말씀드리자면, 누구에게나 다 영원히 불생불멸의 진실한 생명이 있다고 하는 것입니다. 이것을 부처님께서 깨달으셨고, 우리에게 가르쳐 주셨습니다.

부처님께서 깨달으신 내용은 사실 간단합니다. 우리는 본래 영원한 불생불멸의 진실생명이라는 것을 깨달으신 것입니다. 삶과 죽음을 극복하는 길이 바로 거기에서 열립니다. 부처님께서는 삶과 죽음을 초월하셨고, 우리들에게 생사를 극복하는 길을 열어주셨습니다. 삶과 죽음을 초탈하는 길이기 때문에 부처님의 가르침으로 인도하는 것은 그 어떤 효도보다도 훌륭한 효도인 것입니다. 이러한 이치는 선망 부모를 위한 영가 천도 차원이 아닙니다.

올바른 가르침과 올바른 사상으로써 그 정신을 인도하는 것, 그것으로 육신으로는 도저히 갚으려야 갚을 수 없는 부모님의 은혜를 갚는 길이 열립니다. 알고 보면 간단합니다. 그토록 갚기 어려운 부모님의 은혜인데도 불구하고 사실은 한 생각 돌이키면 정말 갚기 쉬운 것입니다. 부모님의 은혜를 한 번만 갚는 것이 아니라 백 번 천 번 만 번도 갚을 수가 있습니다. 올바른 가르침으로 바른 눈, 영원한 생명의 눈을 뜨게 해 드린다면 이것은 한 번만 갚는 것이 아니라 세세생생의 부모님의 은혜를 다 갚는 길이 생깁니다.

여기『부모은중경』에는 금생에 인연이 된 부모님 은혜를 갚는 일도 이처럼 어렵다고 했는데 세세생생의 부모님 은혜까지 한꺼번에 갚는 도리가 있다는 겁니다. 세세생생의 부모님 은혜도 다 갚을 수가 있다는 것이 중요합니다. 이것이 바로 진짜 부모님의 은혜를 갚는 도리입니다. 이것이 불교의 생명입니다. 우리의 진실생명, 우리의 참 생명에 대해 올바로 이해할 수 있도록 일깨워드리는 것이야말로 불교를 올바로 실천 수행하는 길입니다. 이것이야말로 최상의 전법입니다.

또한 '내가' 내 자신이 누구인가'를 아는 길이기도합니다. 내가 내 자신의 진실을 앎으로써 비로소 인간이 가진 무한한 가능성과 무한한 능력을 한껏 꽃 피울 수가 있습니다. 거기에 영원한 행복과 평화의 길이 열립니다. 그것 이외에는 순간적인 것이요, 잠깐 있다가 없어지는 것이요, 무상하기 이를 데 없는 것입니다. 무상한 것을 가지고는 부모의 은혜를 갚을 길이 없습니다.

모쪼록 부모님께 참 생명의 눈을 뜨게 해드려야 합니다. 참 생명의 기운을 불어넣어드리는 것은 누가 주는 것이 아닙니다. 자식이 주는 것도 아니요, 부처님이 주는 것도 아닙니다. 스스로 이미 가지고 있는 것입니다. 사람사람이 이미 다 가지고 있는 참 생명의 눈을 뜨게 하는 것, 이것이 부모님의 은혜를 제대로 갚는 길입니다. 여러분들이 아시는지 모르겠습니다만, 우리 스님들이 선망부모의 재를 지내고, 제사를 지낼 때, 아니면 시식을 할 때 경문을 읽어드리는데 그 내용이 결국은 무엇인지 아십니까?

전부 다 죽은 사람이든 산사람이든 부디 영원불멸한 진실 생명에 대해 이해하라는 내용입니다. 진실 생명, 참 생명에 대한 불생불멸의 그 무한한 생명에 대한 깨달음이 있을 때 천도되고 제도되는 것입니다. 살아있는 영혼이든 죽어있는 영혼이든 모두가 그로 인해서 진정한 삶이 열린다는 말입니다.

> 태어남은 어디서 오며
> 죽음은 어디로 가는가.
> 태어남은 한 조각 구름이 일어남이요,
> 죽음은 한 조각 구름이 사라지는 것인데
> 여기 한 물건이 항상 홀로 있어
> 담연히 생사를 따르지 않는다네.

영원히 불생불멸로서 살아온 시방과 삼세에 두루해 있는 참생명에 눈을 뜨라고 하였습니다. 이것은 생사에도 관계되지 않고, 가고 오는데도 관계되지 않는 진실 생명입니다. 이것을 모르면 불교를 안다고 할 수도 없고 천도를 할 수도 없는 것입니다. 이렇게 영가를 위해서 우리가 읽어드리는 염불 내용이 영원 생명에 대한 가르침으로 일관하고 있다는 사실을 아셔야 합니다. 그것을 깨달음으로써 인생의 진실을 알게 되는 것이고, 설사 우리가 그것을 사물을 보듯이 확연하게 보지는 못한다 하더라도 거기에 대한 굳건한 믿음이 있을 때 그 영원한 생명을 느끼게 되는 것입니다.

부처님의 가르침을 자꾸 듣고 깊은 명상을 통해서 자꾸 들여다보면 그것을 믿게 됩니다. 믿다 보면 느끼게 되고, 느끼다 보면 깨닫게 됩니다. 그러니까 처음에는 이러한 법회를 통해서 우리들의 참 생명에 대한 진실을 바로 이해하고, 믿고, 나아가서 느끼고 깨닫게 되는 기회를 갖는 것이 중요합니다. 부모님에게, 자식들에게 그러한 기회를 갖게 해 주는 것이야말로 최고의 효도이고 최고의 사랑입니다. 이것은 한 생의 부모뿐만 아니라 수많은 생을 거듭해서 살아오면서 받았던 부모님의 은혜를 한꺼번에 다 갚는 도리입니다.

경전에서는 한 생의 부모 은혜도 갚기 어렵다고 하는데 어떻게 세세생생 수 천 수 만 번의 부모 은혜를 한꺼번에 갚을 수 있느냐? 바로 삶과 죽음이 없는 진실 생명에 대한 눈을 뜰 때 그것이 가능한 것입니다. 가능한 것이 아니라 본래로 삶과 죽음이 없는 도리이므로 거기에는 부모다 자식이 다가 본래로 없는 것입니다. 일찍이 태어난 적이 없는데 나를 낳아준 부모가 어디 있겠습니까?

아주 짧은 소견, 단견으로 보니까, 생사가 있는 것 같습니다. 마치 옷을 갈아입는 것도 여름에는 자주 갈아입고, 가을 겨울로 접어들면 훨씬 옷을 오래 입는 것과 같습니다. 어느 행사에 참석하려고 옷차림에 신경을 써서 잘 입고 나왔습니다. 나와서 10분, 20분이나 되었을까, 길을 가다가 옷이 찢어진다든지 흙탕물이 튀었다든지 하면 어떡합니까? 당장 들어와서 갈아입어야 합니다. 그 때 그 옷의 생명은 10분이나 20분밖에 안 되는 것입니다. 그러나 우리의 몸은 어떻습니까? 옷은 자주 갈아입지만 몸은 그렇지가 않습니다. 하지만 육신의 생명이라고 하는 것도 그 옷과 같이 덧없이 오고 가고 하는 것은 마찬가지입니다.

우리의 육신의 옷은 70년, 80년 만에 갈아입지만 우리의 영원한 생명인 진실생명은 그런 것이 아닙니다. 아예 태어난 적이 없습니다. 죽는다고 하지만 천만의 말씀입니다.

죽고 싶어도 죽어지지가 않는 것이 우리의 참 생명입니다. 죽은 적도 없고 태어난 적도 없으니 부모가 어디 있겠습니까? 이렇게 되었을 때 그동안 세세생생의 모든 부모님의 은혜를 한꺼번에 갚는 도리가 가능해진다는 것입니다. 이게 엉터리가 아닙니다. 이치에 안 맞는 이야기가 아닙니다. 분명히 그렇지 않습니까? 태어난 적이 없는데 부모가 어디 있습니까?

이렇게 최상승 도리, 일승의 도리로 부모님의 은혜를 갚는 것이야말로 선망 부모를 위한 7일간의 『부모은중경』 대법회를 갖는 보람과 이익입니다. 모쪼록 참 생명에 눈 뜨셔서 부모님께 은혜도 갚고 스스로도 참 생명으로 당당하고 활기차게 살아가시기 바랍니다.

후기_

49재는 돌아가신 분을 더 좋은 세상으로 인도하기 위해 7일에 한 번씩 일곱 번에 걸쳐 49일 동안 봉행하는 불교의 대표적인 천도의식입니다. 요즘에는 49재에 우연히 동참했다가 불교에 귀의한 분들도 많고, 일반인들에게도 인식이 되어 49재가 추모행사로 자리 잡고 있습니다. 그럼에도 불구하고 49재는 왜, 어떻게 해야 하는지 제대로 모르는 분들이 많습니다.

이 책은 49재에 대한 궁금증을 확실히 풀어줍니다. 아울러 스님의 곡진하신 법문을 통해 삶과 죽음의 실상을 깨달아 돌아가신 분은 다음 생의 출발을 희망을 가지고 할 수 있게 되고, 살아있는 우리도 더욱 당당하고 행복하게 살아가는 계기가 될 것입니다.

무비 스님의 감로수 같은 49재 법문집이 나오게 된 것은 처음부터 끝까지 다음 카페 염화실(http://cafe.daum.net/yumhwasil) 덕분입니다. 염화실 카페에 들어갈 때마다 감탄을 많이 하게 됩니다. 편찮으신데도 불구하고 부처님의 가르침을 간곡하게 일러주시는 무비 스님, 그대로 감동입니다. 부처님의 가르침을 한마디라도 더 일러주시고자 애쓰시는 스님의 뜻을 올곧게 이은 염화실 카페 회원들이 스님의 말씀을 그대로 녹취 사경하여 올립니다. 오늘 하신 법문이 다음날 수많은 분들에게 전달됩니다. 이보다 더 큰 불사가 없을 것입니다.

이 책 『일곱 번의 작별 인사―무비 스님의 49재 법문집』도 염화실 카페에서 건져 올린 사리 같은 책입니다. 제목도 염화실 가족 여러분의 정성으로 지은 것입니다. 150여 분께서 제목을 지어주셨는데, 그 중에서 『일곱 번의 작별 인사』로 결정되었습니다. 한 분 한 분 지어주신 제목이 49재의 의미를 담고 있기에 그대로 담아보았습니다. 거듭 감사드립니다.

― 편집자 올림

여러 불자님들께서 보내주신 제목들입니다.

- 7번 간절하게 당신을 만납니다
- 부처님께 들려주고 싶은 이야기
- 이제 당신을 보냅니다!
- 일곱 번의 작별 인사
- 49일의 배웅
- 生命의 實相
- 중음의 목탁소리
- 중음 세상에 들려주는 마음의 법문
- 중음에 알리는 마음의 소리
- 오직 이 생만이 당신의 삶이었다면
- 새롭고 밝은 생을 위하여…
- 극락왕생-49재
- 미생전의 길 未生前의 路-49재
- 무비 큰스님의 49재 법문집
- 순간에서 순간으로
- 49일간의 마지막 이별연습
- 생사의 아름다운 춤을 추어요
- 죽음이 있기에 삶이 신선하다
- 생사의 아름다운 춤 49재
- 새로운 탄생을 위한 준비 49재
- 황혼의 블루스
- 광명
- 지긋지긋한 인연… 그러나
- 고향 가는 길
- 불생불멸
- 귀천
- 아! 잠깐, 나 좀 쉬어가리
- 좋은 세상 나소서
- 콧구멍으로 들어라!
- 하늘 길 찾아 떠나는 길동무
- 마지막 여행 그리고 귀향
- 무비 스님과 함께하는 축제
- 님이여, 편안하소서
- 비움과 놓음
- 소풍 가는 길
- 회향
- 꽃 떨어지니 열매 맺으리
- 배웅
- 49일 두손 모아 합장하고…
- 無相妙行

- 아름다운 길…
- 아름답게 가는 길
- 올레의 밖과 안, 올레 밖으로의 여행
- 천상으로 가는 길
- 흠—, 빛으로 가는 길
- 유심안락도
- 있는 그대로
- 아름다운 귀향…
- 극락왕생-참 생명에 눈을 뜨자
- 무비 스님과 함께하는 49재를 어떻게 할 것인가?
- 무비 스님과 함께 준비하는 천상으로 갈 수 있는 49재
- 무비 스님, 49齋란 무엇인가요?
- 하처래 하처거 何處來 何處去 – 어디서 왔다가 어디로 가는가
- 어디로 가십니까
- 내일로 건너가는 길
- 님이 계셔서 행복했습니다
- 내려놓고 가는 길
- 머묾 없이 가는 길
- 비우고 가는 길
- 비움 길
- 놓음 길
- 내려놓고 가는 마음의 고향
- 머묾 없이 가는 마음의 고향
- 비우고 가는 마음의 고향
- 쉼터
- 칠칠은 사십구
- 천도복숭아를 훔쳐 먹은 부처
- 좋은 옷으로 갈아입기…
- 어두운 길에 밝은 촛불 한 자루
- 흔적의 맺음
- 금생의 마무리
- 나의 다음단계 업그레이드를 위한 마지막 공부
- 나누어 짚는 염화 지팡이
- 새 생명으로 탄생하는 길
- 바람 따라 가시고 구름 타고 오소서
- 인연 따라 왔다가 인연 따라 가신 님(佛)
- 한 조각 구름이어라
- 하늘 길
- 무거운 짐 내려놓고 가벼웁게 가옵소서
- 조상님 따라가는 길
- 홀로 왔다 가는 길
- 먼저 가신 님께
- 고운 님 잘 가소서
- 영결식永訣式 법문
- 영결사永訣辭
- 가고 옴이 자취 없어라

- 지장보살 만나러 가세
- 그냥 왔으니 그냥 간다
- 저 언덕 너머에 무엇이 있으랴
- 연꽃으로 태어나소서
- 부처님이 드리우는 천도의 書
- 이 보시게 올 때는 빈손, 갈 때는 뭘 가지고 가는가
- 7×7 = 49 재
- 염화 지팡이 이게 뭐꼬
- 염화실 가는 길
- 염화실 가는 길목에서
- 염화미소
- 동행… 나무아미타불 관세음보살
- 걸림 없는 멋진 출발!
- 당신은 밝고 고요하다
- 빛을 따라서
- 참 생명의 길에서…
- 가세, 저 언덕 너머로
- 세월 따라 인연 따라
- 다음에는 내가 찾아가야지
- 여기에 행복이 있다
- 49재 법문집
- 일승 교범재계
   一乘 教範齋戒, 또는 재문齋門:
- 영가천도 1편, 2편, 3편
- 윤회는 이제 그만
- 사박 걸음으로
- 가시리 가시리잇고
- 가고 지고 가고 지고
- 원왕생 원왕생
- 마지막 소망-49재 편안하소서! 님이여
- 한 조각 구름은 서산을 넘어가고…
- 아름다운 이별, 멋진 우주여행을 마치고 돌아갑니다
- 잘 가시소…
- 다음생에도 부처님법으로 만나세
- 영가들이여, 극락왕생하소서
- 중천에서 부처님 꽃 피우기
- 연꽃잎에 머물다 가시는 님이시여~
- 환생의 나날들
- 죽음 그 다음
- 부처님 자비 속으로 가는 길…
- 공수래-공수거
- 머물지 않는 또 하나의 삶
- 일곱 번의 정거장
- 다음생을 맞이하는 영가들에게
- 영가와 영가를 천도해드리는 모든이들께~생애 마지막으로짓는 복
- 당신의 참 생명에 눈을 떠라
- 극락왕생을 위하여
- 못 다한 사연 못 다한 인연

- 삶과 죽음을 이와 같이 알아라
- 생사의 문을 여는 아름다운 대중불사
- 님 보낸 가슴에 불경소리 서러워도
- 피안으로 가는 길
- 감로 피안 법문집
- 문사수법문집
- 여천무비법문집
- 나무묘법연화장법문집
- 여래장법문집
- 연꽃법문집
- 금샘법문집
- 법화법문집
- 염화법문집
- 문수법문집
- 생야일편부운기 사야일편부운멸
- 그대 항상 행복하소서
- 광명사구천도
- 49재 법문의 인연
- 업보 중생 가는 길에 향기로운 법문이여
- 그대 떠난 빈자리 법문으로 채우소서
- 49재 법의 문이 열리네
- 그물에 걸리지 않는 바람같이 새로운 세상으로

일곱 번의 작별인사

ⓒ 무비, 2009

2009년 7월 24일 초판 1쇄 발행
2025년 6월 25일 초판 17쇄 발행

지은이 무비
발행인 박상근(至弘) • 편집인 류지호 • 편집이사 양동민
편집 김재호, 양민호, 김소영, 최호승, 정유리, 이란희, 이진우 • 디자인 쿠담디자인 • 제작 김명환
마케팅 김대현, 김대우, 이선호, 류지수 • 관리 윤정안 • 사진 하지권 • 표지 캘리그래피 김성태
콘텐츠국 유권준, 김희준
펴낸 곳 불광출판사 (03169) 서울시 종로구 사직로10길 17 인왕빌딩 301호
　　　대표전화 02) 420-3200 편집부 02) 420-3300 팩시밀리 02) 420-3400
　　　출판등록 제300-2009-130호(1979. 10. 10.)

ISBN 978-89-7479-563-4 (03220)

값 15,000원

잘못된 책은 구입하신 서점에서 바꾸어 드립니다.
독자의 의견을 기다립니다. www.bulkwang.co.kr
불광출판사는 (주)불광미디어의 단행본 브랜드입니다.